L'HYMNE À L'AMOUR

Anselm Grün

L'HYMNE À L'AMOUR

Parole et Silence

ISBN : 978-2-84573-782-2

Introduction

Chaque être humain aspire à aimer et à être aimé. Cette aspiration fondamentale de l'homme a été depuis toujours exprimée dans d'innombrables poèmes, chants, romans, tableaux et œuvres plastiques.

Toute forme d'art tourne en dernier ressort autour du thème de l'amour. Il devient audible dans la musique, visible sur les tableaux. Mais en même temps l'amour demeure toujours un mystère que les hommes ne comprennent jamais entièrement. Nous sommes reconnaissants du don de l'amour. Cependant, nous sommes saisis de tristesse lorsque notre aspiration à l'amour n'est pas satisfaite. L'amour est susceptible de nous enchanter, mais il inflige aussi de nombreuses blessures. Chacun sait ce que signifie l'amour. Néanmoins, il nous est difficile d'aimer vraiment. Il faut une aptitude spéciale pour apprendre l'amour. Toutes les cultures nous ont montré des chemins pour y parvenir. En même temps, la sagesse des peuples est toujours passée également dans le langage.

Nous ne possédons que le seul mot « amour » [en allemand : *Liebe*] pour exprimer son mystère : amour entre l'époux et l'épouse, amour des parents envers leurs enfants, amour entre amis, amour du prochain, amour de soi-même, amour de Dieu envers nous et notre amour envers Dieu. Et toutes ces différentes formes d'amour possèdent manifestement un noyau commun. Celui-ci correspond à la racine allemande *lyob* (« bien ») et se retrouve dans les mots *glauben* (« croire ») et *loben* (« louer »). « Croire » signifie : voir le bien dans autrui ; « louer » signifie : nommer le bien et l'exprimer ; et « aimer » signifie : bien traiter, se comporter avec bonté et bienveillance envers l'autre, car ce qu'il y a de bien en lui m'attire et j'ai de bons sentiments à son égard.

Les Grecs font la différence entre l'*eros*, l'amour fait de désir, qui désigne avant tout l'amour entre l'époux et l'épouse ; la *philia*, l'amour envers l'ami, qui se réjouit de l'existence de l'ami ; et *l'agapè*, l'amour désintéressé du prochain, l'amour envers Dieu et l'amour de Dieu envers l'homme. Pour les Grecs, il existe trois modes différentes d'amour ; et pourtant tous sont associés les uns aux autres. L'*agapè* a besoin de l'*eros* pour être vivante, et de la *philia* qui se réjouit de l'existence d'autrui ; et inversement, il n'y a pas d'*eros* qui ne participe à l'amour de l'ami et à l'amour pur qui nous vient de Dieu.

Le Nouveau Testament répond à la question du mystère de l'amour en dirigeant notre regard vers Jésus-Christ. À travers le personnage de Jésus de Nazareth, les auteurs du Nouveau Testament ont reconnu ce que signifie l'amour et comment celui-ci vise à déterminer notre vie. Dans leurs écrits, ils nous ont montré un chemin pour faire l'expérience de l'amour et pour apprendre l'art d'aimer. Ce faisant, ils tournent avant tout autour du mystère de l'*agapè*. Celle-ci, qui est l'amour pur, l'amour divin, n'est pas en premier lieu une exigence présentée à l'homme ; elle est en fait un don de Dieu, et elle est même la nature véritable de Dieu. Ainsi, l'enseignement néotestamentaire touchant l'amour culmine dans cette phrase extraite de la première épître de saint Jean : « Dieu est amour : qui demeure dans l'amour demeure en Dieu, et Dieu demeure en lui » (1 Jn 4,16). Nous ne devons pas inverser cette phrase pour affirmer que « l'amour est Dieu ». En réalité Jean veut dire que la nature la plus intime de Dieu est l'amour. Mais quiconque aime et fait l'expérience de l'amour y apprend quelque chose du mystère de Dieu.

Dieu est amour de par sa nature. Il aime les humains. Par amour, il a créé le monde afin de le partager avec ses créatures. Par amour, il a envoyé son Fils auprès des hommes. Pour saint Jean, l'amour est le fondement du devenir de l'homme : « Dieu a tant aimé le monde qu'il a donné son Fils, son unique, pour que tout homme qui croit en lui ne périsse pas mais ait la vie éternelle » (Jn 3,16). Dieu voulait, dans l'amour, visiter tous ceux qui s'étaient égarés afin qu'ils retrouvent la vie véritable, la vie éternelle. Son amour s'est exprimé par l'amour du Fils. Et l'amour du Fils a connu dans la mort l'expression de la plus haute perfection : « Lui, qui avait aimé les siens qui sont dans le monde, les aima jusqu'à l'extrême » (Jn 13,1). Nous autres humains pouvons avoir notre part de l'amour de Dieu qui, à travers l'Esprit Saint, a été déversé dans les cœurs (voir Rm 5,5). Du cœur de

Jésus découlait son esprit afin de remplir notre cœur de l'amour que le Christ a marqué et qu'il a vécu devant nous jusqu'à la fin.

L'*agapè*, l'amour qui s'écoule vers nous dans la mort de Jésus et qui remplit notre cœur veut s'exprimer dans notre vie. Elle veut devenir visible dans notre amour envers Dieu et envers le prochain. Mais elle est plus qu'une manière d'agir. Elle est une manière d'exister. Elle est la nouvelle existence en Christ. Elle est le sens le plus profond et la perfection de toute existence. Les Pères de l'Église grecque ont essayé de relier les affirmations de la Bible aux jugements de la philosophie grecque touchant l'amour. Les philosophes grecs pensaient moins en catégories morales que selon un mode métaphysique. Pour eux, l'important était l'existence, le fondement de toute existence. Et pour Platon, ce fondement de toute existence est l'amour. En parlant de celui-ci, il évoque l'*eros* qui pour lui représente moins l'amour fait de désir qu'une force puissante qui relie et unit tout. L'*eros* est l'impulsion qui vise à l'union.

Les Pères de l'Église, dans leur interprétation des affirmations néotestamentaires touchant l'*agapè*, ont toujours en vue également, à l'arrière-plan, la doctrine platonicienne de l'*eros*. Ils voudraient surmonter l'opposition existant entre l'*eros* et l'*agapè*. Ils parlent non seulement de l'*agapè* (en latin : *caritas* ou *dilectio*) de Dieu, mais encore de l'*eros* (*amor*) qui marque l'amour de Dieu envers nous, les humains. Origène peut transformer la définition de saint Jean, « Dieu est l'*agapè* » en « Dieu est l'*eros* ». Dieu aime passionnément les hommes. Et notre amour envers Dieu doit également être marqué par la chaleur de l'*eros* ou de l'*amor*.

À mes yeux, cela ne relève pas simplement de l'histoire de la théologie. J'y vois plutôt la tentative de relier l'amour donné par Dieu, qui agit en nous à travers l'Esprit Saint, à l'amour naturel et à la force de l'*eros*. Sans ce dernier, notre amour envers Dieu devient souvent incolore et notre évocation de l'amour de Dieu envers nous perd toute vigueur. Notre amour du prochain devient ennuyeux sans l'*eros*. Nous ne rendons justice au mystère de l'amour qu'à condition de relier notre expérience humaine de l'amour qui nous enchante, mais qui par ailleurs nous subjugue, aux affirmations de la Bible touchant le mystère de l'*agapè* qui constitue la nature de Dieu et à laquelle nous participons en Jésus-Christ.

Toute l'histoire de la théologie est traversée par la tentative de relier entre eux les deux pôles de l'*agapè* et de l'*eros*. Pour moi, cela signifie que je ne parle pas seulement de l'amour du point de vue de la psychologie, mais que je garde toujours également présente à l'esprit la dimension spirituelle. L'amour (*amor*) est, d'après Jean Scotus Eriugena, théologien du Moyen Âge, la force naturelle qui fait bouger toutes choses. Et Dieu est en dernier ressort à l'origine de tout amour. L'amour fait se mouvoir les hommes les uns vers les autres. C'est le mobile le plus profond de l'histoire. Mais au fond de cet amour, nous rencontrons en définitive Dieu en tant qu'amour.

Sur l'amour, on a déjà tant réfléchi et tant écrit qu'il est difficile d'exprimer de manière appropriée tout le savoir humain sur ce sujet, voire de dire quelque chose de nouveau à ce propos. Je voudrais donc me limiter, dans ce petit livre, à l'interprétation de l'Hymne à l'Amour que saint Paul a entonné dans la *Première Épître aux Corinthiens* (1 Co 13). C'est là un texte central du Nouveau Testament. De nombreux couples souhaitent que ce texte soit lu lors de leur mariage. Ils se délectent des merveilleuses affirmations sur l'amour et ils ont l'impression que Paul décrit ainsi leur amour mutuel. À coup sûr, les paroles de Paul expriment aussi le mystère de l'amour conjugal. Mais dans le texte même, il n'est question ni de l'amour entre l'homme et la femme, ni de l'amour du prochain, ni de l'amour de soi-même, ni de l'amour de Dieu. L'amour est tout simplement une puissance, une force qui se trouve dans l'être humain. Je peux expliquer cela d'un point de vue philosophique. Ou encore, je peux – comme le fait Paul – comprendre cela comme un don de l'Esprit Saint. Dieu nous a fait don, à travers Jésus-Christ, de son esprit. Et cet esprit est l'esprit de l'amour. En nous bouillonne une source d'amour. Cet amour, en tant que don de Dieu, veut et peut dès lors s'exprimer concrètement dans l'amour entre l'homme et la femme, dans l'amour des amis entre eux et dans toutes les formes d'amour que nous connaissons par ailleurs. Pour Paul, l'amour est un charisme, autrement dit : un don que Dieu nous fait de par sa grâce. Il nous rend aptes à un nouveau mode de vie. Et pour Paul, c'est le don suprême de la grâce, que Dieu nous offre en Jésus-Christ.

Lorsque, comme enfant de chœur, j'ai écouté à l'occasion de mariages des sermons sur ce texte, je pensais souvent : « C'est trop beau pour être vrai. » Ou encore, j'avais l'impression que le prêtre formulait ici des exigences auxquelles le couple de mariés ne pourrait jamais satisfaire. L'Hymne à l'Amour était interprété avant tout de façon moralisante : « Tu ne dois pas penser à toi. Tu dois toujours céder. Tu dois tout couvrir par l'amour. » C'était souvent romantique et naïf.

Je voudrais interpréter ce texte tel qu'il est, avec son arrière-plan philosophique et psychologique. Et je voudrais toujours le transposer dans les expériences d'aimer et d'être aimés, expériences que nous faisons tous dans notre vie. Dès lors, les paroles de Paul sont une Bonne Nouvelle non seulement pour ceux qui aiment, mais encore pour ceux qui aspirent à l'amour et qui cependant ne le vivent pas tel qu'ils l'espèrent. Même chez ces êtres déçus par l'amour, ce texte vise à répondre à quelque chose qu'ils ressentent dans leur cœur et qu'ils ont en eux. En effet, chaque être humain a en lui une source d'amour, même si elle est momentanément obstruée ou peut-être devenue insipide. L'*Épître aux Corinthiens* tient à la disposition de tous les êtres humains une Bonne Nouvelle, car il leur montre que personne n'est sans amour, et que l'amour peut transformer la vie de chaque humain.

En même temps, je voudrais placer ce texte sur l'amour dans un horizon plus vaste. Paul n'a pas tout simplement écrit ces paroles sous l'effet de sa propre inspiration. Il a rédigé l'Hymne à l'Amour dans un contexte historique concret. D'un côté, il y avait son arrière-plan juif. Paul était instruit en théologie juive. Ainsi, à coup sûr, il a entonné l'Hymne à l'Amour en connaissant le grand Cantique des Cantiques de l'Ancien Testament. D'un autre côté, Paul a écrit ce texte dans une situation bien déterminée de la communauté corinthienne qui était pleine d'enthousiasme parce que de nombreux dons de l'Esprit faisaient irruption en elle, mais qui à force d'enthousiasme menaçait d'éclater. Les Corinthiens aimaient surtout les dons extraordinaires de la prophétie qui leur permettait d'exprimer des choses secrètes, ou encore la glossolalie qui les faisait parler dans un langage extatique. Dans ces phénomènes, ils voyaient à l'œuvre l'esprit de Dieu.

Paul oriente sa communauté vers un autre chemin, le chemin de l'amour. Ce chemin est, d'un côté, moins exaltant. Car l'amour s'exprime par des modes de comportement tout à fait concrets dans la vie quotidienne. D'un autre côté, l'amour est néanmoins fascinant. Car il exprime l'aspiration la plus profonde de l'homme à la transformation, à l'accomplissement, à l'enchantement. Pour Paul, ce ne sont pas les dons extraordinaires de la prophétie ou de la glossolalie qui relèvent du mystère de l'Esprit Saint, lequel a été donné aux croyants par Jésus-Christ ; pour lui, ce qui compte avant tout, c'est l'amour qui est le plus grand don de Dieu. L'amour est l'essence du christianisme. Il est le véritable charisme qui devrait marquer la vie des chrétiens. Paul n'écrit pas sur l'amour de manière moralisante. Il est bien plutôt fasciné par le don que Dieu nous a fait à travers l'Esprit Saint.

Cependant, Paul écrit ce texte également dans une confrontation, consciente ou inconsciente, avec la philosophie de l'époque. Paul n'était pas seulement instruit en théologie juive, mais également en philosophie grecque. Ses épîtres permettent de conclure qu'il connaissait surtout la philosophie stoïque. Et il voulait que les chrétiens dépassent les exigences éthiques de la philosophie stoïque par la transformation de leur vie. Ainsi, il écrit aux Philippiens : « Tout ce qui est noble, juste, pur, digne d'être aimé, d'être honoré, ce qui s'appelle vertu, ce qui mérite l'éloge, tout cela, portez-le à votre actif » (Ph 4,8). C'est là un résumé de ce que la philosophie stoïque attend de ses adeptes.

Toutefois, dans son Hymne à l'Amour, Paul se réfère moins à la dimension éthique de l'amour. Il décrit plutôt l'amour – à la manière des philosophes grecs – comme une force indépendante, une source dans laquelle puise homme, une force qui le fait agir. Son texte sur l'amour rappelle ainsi des textes philosophiques de son époque, touchant le mystère de l'amour. Ainsi, Platon, sans doute le plus grand philosophe grec, chante l'amour comme une puissance capable de réaliser beaucoup de choses dans l'homme, par ces paroles :

> Ainsi, mon Phaïdros, m'apparaît l'*eros* : avant tout, lui-même comme le plus beau et le meilleur, afin de communiquer ensuite ce don à tous les autres. Je suis tenté de parler de lui également en vers. C'est lui qui crée la paix entre les hommes, un lissage immobile de la mer, un silence magique dans les tempêtes et un sommeil calme sans souffrance. Il nous libère de l'étrangeté, nous rend riches en confiance.

Encore plus proche de l'hymne de Paul , ce texte de Maxime de Tyr :

> L'amour ne hait rien autant que la contrainte et la crainte. Et il est fier et entièrement libre, même plus libre que Sparte. Car, entre tout ce qui existe parmi

> les hommes, c'est seulement l'amour – lorsqu'il demeure à l'état pur chez quelqu'un – qui n'envie aucune richesse, ne craint aucun tyran, n'est intimidé par aucun trône, ne redoute aucun tribunal, ne fuit pas devant la mort. Il n'est effrayé par aucune bête sauvage, aucun feu, aucun abîme, aucune mer, aucun glaive, aucune corde. Il peut même passer par des chemins impraticables, il peut vaincre ce qui est puissant, accepter ce qui est affreux et porter ce qui est lourd… Partout il ose, il voit tout, il domine tout.

Dans les deux textes, l'amour est compris comme un don de Dieu qui marque la vie de l'homme et lui donne un goût nouveau. Contre celui qui est rempli d'amour, toutes les turbulences de la vie ne peuvent rien. Il perd le sentiment de l'aliénation intérieure. Il entre en contact avec lui-même. Il ressent son propre milieu.

Platon parle de l'amour en images. L'amour apporte la paix parmi les hommes et, même dans les époques de trouble et de contrariétés, nous met en contact avec l'espace intérieur du silence. Il ouvre dans notre cœur un espace où nous trouvons la tranquillité. Et il nous met en contact avec notre véritable nature. Il nous familiarise avec nous-mêmes, avec l'image intérieure et originelle que Dieu s'est faite de nous.

Chez Maxime de Tyr, l'amour apparaît comme une force et une puissance à laquelle rien au monde ne peut résister. Bien que l'amour n'ait pas d'armes, les tyrans en ont peur. Ce thème émerge constamment chez les auteurs grecs. Ainsi, il est dit dans les odes d'Anacréon : « Ni la cavalerie, ni l'infanterie ni la marine ne m'ont anéanti ; c'était une autre puissance, une puissance nouvelle, qui m'a abattu avec ses seuls yeux. » L'amour trouve un chemin vers autrui, qui sans lui serait fermé. Maxime termine son texte par un triple « tout » ou « partout », de même que Paul termine son Hymne à l'Amour par un quadruple « il porte tout... »

Ainsi, dans l'interprétation de l'Hymne à l'Amour, je regarderai sans cesse aussi l'arrière-plan philosophique et psychologique et je transposerai les paroles dans nos expériences touchant l'amour : dans nos expériences heureuses et malheureuses, enchanteresses et décevantes, telles que nous les vivons sans cesse.

L'Hymne à l'Amour
dans la *Première Épître aux Corinthiens*

Quand je parlerais en langues, celle des hommes et celle des anges,
S'il me manque l'amour,
Je suis un métal qui résonne, une cymbale retentissante.
Quand j'aurais le don de prophétie, la connaissance de tous les mystères et de Toute la science,
Quand j'aurais la foi la plus totale, celle qui transporte les montagnes,
S'il me manque l'amour,
Je ne suis rien.
Quand je distribuerais tous mes biens aux affamés,
Quand je livrerais mon corps aux flammes,
S'il me manque l'amour,
Je n'y gagne rien.
L'amour prend patience, l'amour rend service,
Il ne jalouse pas, il ne plastronne pas, il ne s'enfle pas d'orgueil,
Il ne fait rien de laid, il ne cherche pas son intérêt,
Il ne s'irrite pas, il n'entretient pas de rancune,
Il ne se réjouit pas de l'injustice, mais il trouve la joie dans la vérité.

Il excuse tout, il croit tout, il espère tout, il endure tout.
L'amour ne disparaît jamais.
Les prophéties ? Elles seront abolies.
Les langues ? Elles prendront fin.
La connaissance ? Elle sera abolie.
Car notre connaissance est limitée et limitée notre prophétie.
Mais quand viendra la perfection, ce qui est limité sera aboli.
Lorsque j'étais enfant, je parlais comme un enfant,
Je pensais comme un enfant, je raisonnais comme un enfant.
Devenu homme, j'ai mis fin à ce qui était propre à l'enfant.
À présent, nous voyons dans un miroir et de façon confuse,
Mais alors, ce sera face à face.
À présent, ma connaissance est limitée,
Alors, je connaîtrai comme je suis connu.
Maintenant donc ces trois-là demeurent,
La foi, l'espérance et l'amour,
Mais l'amour est le plus grand.
(1 Co 13,1-13)

Considérations de principe

Paul ne parle pas ici de l'amour envers Dieu ni de l'amour envers l'être humain, ni de l'amour entre l'homme et la femme ; il parle de l'amour en tant que puissance, en tant que faculté, en tant que force qui change la vie et lui confère un goût d'ampleur, de liberté et de tendresse. Dans le chapitre précédent (chap. 12), Paul avait décrit les différents dons de grâce de l'Esprit Saint. Dieu avait accordé à la communauté de Corinthe, par l'intermédiaire de l'Esprit Saint, différents charismes : le charisme de la sagesse, de la foi, de la guérison des malades, du discours prophétique, du discernement des esprits, de la glossolalie. Dès lors, au chapitre 13, Paul appelle les Corinthiens à ne pas miser sur les dons spectaculaires de l'esprit, mais à aspirer plutôt à des dons de la grâce plus élevés. Le don suprême de la grâce, que procure l'esprit, est l'amour. Ainsi, Paul montre le chemin d'une vie chrétienne réussie. Et il décrit les possibilités que Dieu a immergées dans notre cœur grâce à l'amour. C'est Dieu lui-même qui nous donne la possibilité d'aimer. Mais c'est notre tâche d'aspirer à cet amour dont il nous est fait don et de le réaliser aussi dans notre vie concrète.

Dans ce chapitre construit avec art, Paul ne parle pas de l'action de celui qui aime ; il n'évoque donc ni l'amour fraternel ni l'amour de Dieu. Peut-être l'amour est-il ici, en quelque sorte, personnifié. Il n'est pas seulement un don de Dieu, mais il a part à Dieu lui-même et grâce à lui nous recevons une part de Dieu. L'exégète Hans-Josef Klauck écrit à ce sujet : « L'amour est en même temps et essentiellement – nous pouvons le dire par anticipation – un attribut de Dieu, une part de son auto-interprétation ; et comme tel, il rayonne en direction de l'homme et lui permet de trouver son existence dans l'espace de l'amour (Klauck 94).

Dans l'*Évangile selon saint Jean*, cela est vu de manière similaire. Là l'amour est un espace que nous habitons et où nous demeurons : « Demeurez dans mon amour! » (Jn 15,9). Si nous demeurons dans l'amour, notre vie se transforme. Nous avons part à Dieu, nous sommes divinisés. Nous sommes, dans l'amour, reliés à l'amour du Christ qui en quelque sorte se déverse en nous à partir de la vigne et nous relie à elle (voir Jn 15,1-8).

Cependant, Paul évoque la puissance de l'amour également sur fond de philosophie grecque. Aussi bien Platon qu'Aristote ont écrit sur le mystère de l'amour. Pour Platon, l'amour est une force divine qui pénètre toute l'essence du monde et qui fait que le monde ne se désagrège pas, et que ce qui a été séparé se rejoint sans cesse à nouveau.

Cette doctrine de Platon a été reprise de nos jours surtout par Gabriel Marcel. Pour ce philosophe français, l'amour est identique à l'être. L'amour est le fondement de tout, y compris de l'existence humaine. Il est présent en tout. Cela ne signifie pas seulement « que chacun reçoit tout de l'amour, mais encore que chacun ne possède entièrement ce qu'il est et ce qu'il a qu'à condition, d'abord et impérativement, d'aimer; alors que sans amour tout lui échappe et en dernier ressort il se trouve face au néant » (*Lotz* 24). L'amour est pour Gabriel Marcel la base de notre existence humaine. Sans amour, nous ne pouvons trouver notre moi véritable. Ce dont Dieu nous a fait don, nous ne le gagnons que dans l'amour. Qu'il s'agisse de l'amour dans le mariage ou dans l'amitié, de l'amour de Dieu envers nous ou de notre amour envers Dieu, dans tout cela nous apprenons quelque chose de l'amour en tant qu'essence qui achève tout et rend tout parfait.

Gabriel Marcel connaît la distinction entre être et avoir, distinction que par la suite Erich Fromm reprendra pour son *Art d'aimer*. Celui qui réalise le mode d'existence de l'être a part à l'amour. Car l'être et l'amour sont une seule et même chose. Je ne peux pas simplement avoir l'amour comme une possession. Il s'agit bien plutôt d'être l'amour et de faire, par l'amour, l'expérience d'une nouvelle existence. Celui qui s'ouvre dans l'amour pour autrui a part à l'être absolu en tant qu'amour. Il fait l'expérience de lui-même « en présence de la lumière, dans l'abondance de l'être » (*Scherer* 130). Les humains qui s'aiment les uns les autres touchent, dans leur relation mutuelle, à l'éternel. Et l'amour est aussi la force qui vainc la mort, qui est plus forte que la mort. Gabriel Marcel pense que l'amour signifie de dire à celui qu'on aime : « Toi, tu ne mourras pas. » Même dans la mort, nous ne sortirons pas de l'amour. Au contraire, dans la mort, nous ferons l'expérience de l'amour sous sa forme pure, dans son essence pure.

Depuis Platon, la philosophie s'est sans cesse préoccupée du phénomène de l'amour. Toute la philosophie et la théologie du Moyen Âge étaient marquées par cette controverse : l'amour doit-il être compris comme une force fondamentale naturelle qui, en dépit de tout l'amour que l'on porte au prochain et à Dieu, vise également toujours à réaliser son propre bonheur ? Ou bien doit-il être considéré comme un amour purement désintéressé qui élimine tout désir égoïste ? La discussion portait également sur la question de savoir si c'est la connaissance ou l'amour qui a la priorité, et si le but ultime de l'homme est la connaissance de Dieu ou l'union avec Dieu dans l'amour.

Cette discussion semble étrangère à nos préoccupations. Et pourtant, elle touche à quelque chose d'essentiel. À chaque fois que nous regardons l'amour de manière trop idéaliste, comme quelque chose de purement désintéressé, nous pouvons certes le décrire merveilleusement. Mais il exigera trop de nous ; et il s'écartera trop de notre expérience humaine de l'amour. Il faut une saine tension entre l'amour fait de désir, qui cherche aussi le bonheur personnel, et l'amour désintéressé qui s'oublie soi-même dans l'expérience de l'amour et qui, ainsi, devient un avec l'être aimé. Afin que l'amour n'exige pas trop de nous, qu'il satisfasse à notre aspiration ultime et qu'il enrichisse véritablement notre existence en tant qu'humains, nous devons – chacun pour sa part – trouver une bonne synthèse de l'*eros*, de l'*agapè* et de la *philia*, de l'amour naturel et surnaturel, de l'amour qui vise au bonheur et de l'amour désintéressé.

Je voudrais décrire l'amour que Paul exalte, dans son hymne, comme une puissance et comme une qualité qui transforme notre vie. L'amour est pour Paul un don de Dieu. Il est en définitive l'Esprit Saint dont Dieu nous fait don. Ainsi, Paul dit dans l'*Épître aux Romains* : « L'amour de Dieu a été répandu dans nos cœurs par l'Esprit Saint qui nous a été donné » (Rm 5,5). L'amour est donc quelque chose de divin, quelque chose qui émane de Dieu et qui est Dieu lui-même. Dans l'amour, nous avons toujours déjà part à Dieu. Mais cet amour divin s'exprime par notre amour humain, par l'amour entre l'homme et la femme, par l'amour du prochain, par l'amour de nous-mêmes et par l'amour envers Dieu. Toutes ces formes d'amour, nous font participer à la puissance de l'amour, que décrit Paul, à l'amour qui procure à notre vie une nouvelle qualité d'animation et de bonheur et qui guérit nos blessures.

Dans mon interprétation, c'est d'abord la puissance béatifique de l'amour qui est décrite, puissance qui confère à notre vie une qualité nouvelle, l'amour dans l'amitié et dans le partenariat, l'amour envers les humains avec lesquels nous travaillons et coexistons. Mais je voudrais toujours garder dans mon champ de vision la force de guérison de l'amour, avec laquelle les médecins et les thérapeutes, les accompagnatrices spirituelles et les travailleuses sociales se tournent vers les êtres qui souffrent d'un manque d'amour et qui à cause de cela sont devenus malades. Pour moi, ce texte est également la description d'une thérapie et d'un accompagnement spirituel qui, grâce à l'amour, est en mesure de guérir les blessures des humains causées par le père ou la mère. Mais ce qui vaut pour la thérapie ou l'accompagnement spirituel s'applique aussi à nos relations tout à fait normales entre humains. Lorsque nous aimons l'autre, ses blessures peuvent guérir. Un être humain peut devenir un remède pour autrui lorsqu'il se laisse diriger par l'amour.

Le véritable message du texte est pour moi le suivant : « Même si momentanément tu ne te sens pas aimée et tu n'as personne avec qui tu es relié par l'amour, fais confiance à l'amour qui est en toi. Tu as en toi une intuition de l'amour. Tu aspires à l'amour. Dans cette aspiration à l'amour, il y a déjà l'amour. Lorsque tu souffres par l'amour, tu sais néanmoins ce qu'est l'amour. Fais donc confiance à l'amour qui est en toi ; peu importe que tu sois momentanément amoureux et aimé par un autre être, ou non. Il y a en toi le don de l'amour. Dieu lui-même a immergé l'amour dans ton cœur. Fais confiance à cet amour. Laisse-le pénétrer en toi. Ressens-le. Savoure-le. Il rend ta vie plus riche. Et il te confère de nombreuses possibilités de vivre d'une bonne manière. Essaie de vivre effectivement ces possibilités offertes par l'amour. Dès lors ta vie sera véritablement réussie. Tu pourras alors faire avec gratitude l'expérience des dons de l'amour. Lorsque tu entends les paroles de la *Première Épître aux Corinthiens*, laisse-les decendre dans ton cœur. Et tu sentiras qu'elles répondent à ta plus profonde aspiration à l'amour. Ne dis pas que ces paroles sont trop élevées pour toi. Ne te demande pas non plus tout de suite si tu peux les satisfaire. À travers les paroles, entre en contact avec l'amour qui sommeille au fond de ton cœur et qui voudrait être réveillé par ces paroles afin qu'il pénètre tout ton être. »

« S'il me manque l'amour... »

Quand je parlerais en langues, celle des hommes et des anges,

S'il me manque l'amour,

Je suis un métal qui résonne, une cymbale retentissante.

Quand j'aurais le don de prophétie, la connaissance de tous les mystères et de toute la science,

Quand j'aurais la foi la plus totale, celle qui transporte les montagnes,

S'il me manque l'amour,

Je ne suis rien.

Quand je distribuerais tous mes biens aux affamés,

Quand je livrerais mon corps aux flammes,
S'il me manque l'amour,
Je n'y gagne rien.

Tout d'abord Paul montre, dans ces trois premiers versets, la signification éminente de l'amour pour notre vie. En rangeant les unes à côté des autres plusieurs phrases conditionnelles, il construit un véritable arc de tension et confère ainsi à son affirmation une emphase particulière. Même si l'être humain possédait tous les dons et talents de cette terre, cela ne lui servirait pas à grand-chose, car en l'absence d'amour tout est sans valeur.

Paul commence son hymne en évoquant la langue des hommes et celle des anges qui était pratiquée à Corinthe sous forme de glossolalie. Les Corinthiens étaient fiers de ce don qui leur permettait de ne pas s'exprimer dans leur langue maternelle, mais de s'abandonner à l'action de l'esprit et de prononcer, dans un état quasiment extatique, des paroles qu'eux-mêmes ne comprenaient pas. C'était pour eux le langage des anges, qui dépassait tout langage humain. Certes, en ayant recours à de tels phénomènes particuliers du langage, je peux me rendre intéressant. Dans ce cas, ce n'est pas l'amour qui constitue le fondement du langage, mais c'est l'ego personnel qui s'enfle ainsi. Cela est vrai non seulement pour la glossolalie, mais pour tout langage dans lequel je joue avec les mots et cherche ainsi à faire impression. Les mots peuvent être l'expression de l'amour, mais ils peuvent aussi exprimer un désir de se faire valoir. Seul un langage qui vient du cœur et qui est rempli d'amour exerce un effet curatif sur les humains. Tout le reste ne sert qu'à faire impression, à faire du vacarme avec du vide.

Paul compare ce langage avec un métal qui résonne, une cymbale retentissante. La cymbale (*kymbalon* dans le texte grec original) est plus précisément l'ablution des mains qui a été utilisée dans le culte de Cybèle. Le bruit fait avec de tels instruments était la marque des cultes des mystères. Mais pour Paul, un tel culte est sans valeur si l'amour fait défaut.

Si nous transposons ces paroles dans notre situation, elles signifient : nous avons beau faire des discours brillants, motiver nos collaborateurs ou chercher à convaincre les gens avec des mots, si l'amour fait défaut, tous les succès rhétoriques sont sans valeur. On s'aperçoit si les paroles d'un homme viennent du cœur, s'ils sont remplis d'amour, ou si simplement il se complaît dans ses paroles. Il existe des gens qui jouent avec les mots ; mais on perçoit la vanité de leur discours. L'amour est pour Paul la base de notre langage. Il est la source dont découlent les mots. Si notre langage ne porte pas en lui le germe de l'amour, il peut certes nous permettre de briller et de convaincre d'autres gens, mais nos paroles ne deviennent pas véritablement bénédiction pour autrui.

Si l'on rapporte cela au domaine des relations entre les humains, cela signifie : rends-toi compte si ce que tu dis à ta femme, à ton mari, à ton ami est pénétré d'amour ou si ces paroles découlent seulement de la colère ou bien de ton inattention, ou encore du vide. Nous parlons quotidiennement, et nous prononçons une quantité innombrable de mots. Mais souvent ces mots restent superficiels. Nous disons simplement quelque chose pour ne pas être gênés par le silence. Ou bien nous parlons à autrui parce que nous voulons quelque chose de lui ou que nous voudrions l'informer. Il existe de nombreuses manières de parler. Ce qui est essentiel, c'est que toutes les formes de langage – qu'il s'agisse d'informer, de motiver, de communiquer ou de raconter – soient pénétrées d'amour. Peut-être, « l'amour » constitue-t-il souvent un trop grand mot. Mais du moins mes paroles doivent-elles découler de mon cœur et pas seulement être formulées à partir de ma tête. Lorsqu'elles viennent de l'intérieur de moi-même, elles ont de la chaleur en elles et, dans ce cas, elles peuvent également réchauffer le cœur d'autrui.

On pourrait rapporter ces mots également à l'action du médecin ou de l'accompagnateur spirituel. Sans amour, tout travail thérapeutique ou d'accompagnement spirituel ne vaut rien. Ainsi, on pourrait traduire le premier verset de Paul par : « Quand je pourrais expliquer au patient sa maladie de façon précise et lui indiquer un chemin vers la guérison, s'il me manque l'amour, je suis un métal qui résonne, une cymbale retentissante. » Le métal qui résonne et la cymbale retentissante rappellent le bruitage retentissant des cultes païens. En se référant toujours à la thérapie, on pourrait dire : sans la culture de l'amour, la thérapie deviendrait un culte vide, susceptible de faire du bruit, mais non de guérir. Avec nos théories psychologiques, nous ferions impression sur le patient, mais nous ne le toucherions pas dans son cœur.

Dans le second verset, Paul se réfère à quatre dons qui étaient très appréciés à Corinthe : le discours prophétique, la connaissance des mystères, la connaissance de la science et la puissance de la foi qui transporte les montagnes. Paul lui-même considère ces quatre talents comme entièrement positifs. Mais s'il n'y a pas l'amour à la base, celui qui pratique ces dons n'est en définitive qu'un rien du tout. Le don prophétique est pour les Corinthiens la faculté de prévoir l'avenir ou de proclamer, à l'intention des humains et de la société, la volonté de Dieu. La prophétie est un élément essentiel du christianisme. On applique le qualificatif « prophétique » à une personne qui juge la situation politique et sociale de manière critique, en se plaçant du point de vue de Dieu et qui dit des paroles, émanant aussi de Dieu, qui peuvent ouvrir un chemin vers l'avenir. Au demeurant, le discours prophétique signifie aussi que l'on dit à l'autre des choses secrètes qui le concernent et que l'on a décelées. Cela fait toujours une certaine impression. Mais là se situe aussi un danger : celui d'exercer un certain pouvoir sur l'autre et de le manipuler. Lorsque je lui dis les choses secrètes que par ailleurs personne ne connaît, il redoute que je puisse rendre public tout ce qui se cache en lui. Dès lors, il devient facilement soumis.

L'initiation aux mystères se réfère aux cultes des mystères qui étaient alors à la mode non seulement à Corinthe, mais dans tout l'empire romain. Il s'agissait d'être initié aux mystères particuliers d'un dieu et de se sentir, de ce fait, supérieur aux autres hommes. C'est là une tendance que nous connaissons aussi bien aujourd'hui. Il y a là le risque d'utiliser la spiritualité et les expériences spirituelles pour se placer au-dessus des autres et les regarder de haut. À cette époque-là, les cultes des mystères avaient un grand pouvoir d'attraction parce qu'ils permettaient à des personnes qui souffraient par ailleurs d'un manque de confiance en soi ou qui, étant esclaves, n'étaient pas reconnues par la société, de se considérer comme des gens particulièrement précieux. Il y avait là une chance, mais aussi un danger. Car lorsque, spirituellement, je m'élève au-dessus des autres, je suis amené à les dévaluer afin de me mettre en valeur. Cette tendance à la dévaluation d'autrui, nous la trouvons encore aujourd'hui dans certains milieux qui croient vivre des expériences mystiques particulières, lesquelles les distinguent de tous les autres. Ces milieux sont avides de faire des expériences spirituelles et d'être initiés aux mystères d'un culte particulier quelconque. Cependant, lorsque le désir d'une expérience spirituelle n'est pas guidé par l'amour, celle-ci est sans valeur. Dans ce cas, elle ne fait qu'enfler l'ego ; et elle devient un substitut pour la confiance en soi manquante. Certains, en effet, empruntent la voie spirituelle parce que, au plus profond d'eux-mêmes, ils se considèrent comme des êtres sans valeur. L'expérience de Dieu peut me conférer une valeur profonde. Mais si j'utilise mes expériences spirituelles pour me rendre intéressant, c'est là seulement un signe qui indique que, de manière sous-jacente, le sentiment de ma propre infériorité subsiste en cachette. Ce sentiment est seulement dissimulé, mais non point transformé. L'expérience spirituelle n'est précieuse, selon Paul, que lorsqu'elle m'entraîne au sein de Dieu, au sein de l'existence, au sein du mystère de l'amour qui est la base de toute existence.

Le troisième don est celui de la connaissance. Le mot *gnosis* qui se trouve dans l'original grec désigne non seulement la connaissance, mais encore l'illumination. Il y avait à cette époque un vaste mouvement de la gnose, aussi bien dans le milieu chrétien que parmi les non chrétiens. C'était le désir de savoir plus que les autres, d'être initié aux mystères divins et de faire l'expérience de l'illumination.

Parmi les Corinthiens, nombreux étaient ceux qui étaient fascinés par la gnose et qui pratiquaient dès lors une gnose chrétienne. Paul a désigné, au chapitre deux de la *Première Épître aux Corinthiens*, les chrétiens comme étant les véritables gnostiques. Dieu lui-même nous a annoncés en Jésus-Christ la sagesse vraie, la sagesse parfaite, et nous a fait don du savoir touchant l'essentiel de notre vie. Mais la gnose est elle aussi sans valeur en l'absence d'amour. Elle ne fait que nous enfler. Je fais étalage de ma connaissance pour être admiré. En revanche, la vraie connaissance rend toujours humble.

La foi est pour Paul quelque chose de déterminant. C'est par la foi que nous sommes justifiés, non par les œuvres. C'est ce que Paul a expliqué dans l'*Épître aux Romains*. Ici il s'agit d'une autre sorte de foi : non de la foi en l'amour de Jésus sur la Croix, qui nous donne la certitude que nous sommes acceptés sans condition, mais de la croyance aux miracles qui consiste à imaginer que l'on peut réaliser tout ce à quoi l'on croit.

Cette tendance-là, nous la connaissons aussi de nos jours. Il existe, surtout aux États-Unis, des livres qui affirment qu'il suffit de croire suffisamment fort pour que tout nous réussisse. Une dame m'a fait cadeau d'un livre qui se situe dans cette tradition : « Prie et deviens riche. » Je l'ai jeté à la poubelle. En effet, pour moi, il s'agit là d'une supercherie. On utilise ici la foi pour satisfaire mes besoins infantiles ou mes appétits de puissance. Un homme m'a raconté un jour qu'il lui suffisait de laisser pénétrer dans l'inconscient les objectifs qu'il s'était fixés pour sa firme, et que dès lors, il atteindrait ces objectifs. Mais une telle croyance ne peut mener qu'à l'erreur. Cet homme a échoué parce qu'il attendait trop de sa croyance. Il n'a pas voulu renoncer à celle-ci et, en raison de son stupide entêtement, a dû finalement déposer son bilan. Il est vrai que la foi peut quelquefois faire des miracles ; mais s'il manque l'amour, elle ne sert à rien.

Il ne s'agit pas d'événements ou de faits vécus extraordinaires à l'aide desquels nous voudrions mettre à l'épreuve la force de notre foi ; il s'agit exclusivement de l'amour. Celui-ci donne à notre vie le goût de Jésus-Christ. Dans l'amour, nous devenons semblables à l'image de Jésus-Christ. Dans tout son texte consacré à l'amour, Paul ne parle pas de l'amour de Jésus ni de notre Rédemption par Jésus-Christ. Cependant, Christ est l'archétype de l'amour et se trouve toujours à l'arrière-plan. L'*agapè* est en définitive l'amour divin qui a brillé pour nous en Jésus-Christ.

Dans le troisième verset sont décrites deux autres attitudes qui sont sans valeur en l'absence d'amour. Il y a d'une part le don de tous nos biens aux affamés et d'autre part la combustion de notre corps. Ce sont là deux attitudes que par ailleurs nous relions souvent à l'amour. La première d'entre elles signifie que l'on nourrit d'autres personnes à l'aide de tout ce que l'on possède. Textuellement, il est dit que l'on divise en bouchées tout ce que l'on possède pour alimenter les indigents. Cette alimentation des pauvres peut parfaitement être un don de l'Esprit Saint. Mais Paul considère que cela aussi peut se faire sans amour. Dans ce cas, l'acte est sans valeur. Les projets d'assistance en faveur des pauvres et des indigents dans les pays du Tiers-monde peuvent être une expression d'amour. Mais ils peuvent être promus aussi en l'absence d'amour. D'autres motifs peuvent être déterminants, par exemple : se mettre en scène, apaiser une mauvaise conscience, se rendre intéressant aux yeux du public. Dans ce cas, de tels actes ne sont qu'un feu de paille qui brûle rapidement, mais ne réchauffe pas de façon durable.

En ce qui concerne le passage « quand je livrerais mon corps aux flammes », on ne sait pas très bien ce que Paul veut dire. Est-il question du martyre par le feu, de l'immolation au bénéfice d'autres humains, ou bien s'agit-il du marquage des esclaves au fer rouge ? La philosophie gréco-romaine connaît-elle aussi l'attitude héroïque face à de la mort par le feu. Et certains philosophes grecs connaissent le supplice volontaire par le feu comme un usage indien et un modèle indien. De nos jours, Paul évoquerait peut-être les attentats suicides. Ceux-ci sont accomplis non par amour, mais par haine. C'est pourquoi ils sont sans valeur et conduisent au mépris de soi-même et au mépris de la dignité humaine. À coup sûr, Paul ne pense pas encore au martyre des chrétiens ; en effet, le supplice des chrétiens par le feu, décrété par l'empereur

Néron, bien ultérieur à la rédaction de l'épître de Paul considérée ici. Probablement Paul pense-t-il à un acte spectaculaire et ponctuel par lequel on se soustrait à la difficile intervention de l'amour dans la vie quotidienne. Même de tels actes spectaculaires, que nous comprenons normalement comme une expression d'amour, sont sans valeur s'ils ne sont pas véritablement accomplis par amour, mais plutôt par le besoin de se singulariser.

« L'amour prend patience »

L'amour prend patience, l'amour rend service.

Après les trois premiers versets, Paul va décrire la puissance de l'amour. Ce faisant, il ne moralise pas. Il n'écrit pas : « Si tu aimes, tu dois prendre patience ou rendre service. » Il décrit tout simplement ce qu'est l'amour. C'est de par lui-même que l'amour prend patience et rend service. Il possède ces qualités de par sa nature. En les décrivant, Paul nous rappelle les possibilités et les facultés qui sont disponibles en nous. Car l'amour est en nous ; nous n'avons qu'à le laisser agir. C'est un poème fascinant traitant de l'effet de l'amour qui nous est donné à travers l'Esprit Saint et qui est présent en chacun d'entre nous, mais que nous avons souvent dissimulé derrière d'autres motifs ou d'autres qualités de notre âme. En lisant et en méditant ces paroles, nous devons entrer en contact avec l'amour qui est en nous. Le fait que ces phrases de l'apôtre nous touchent démontre que l'amour est déjà en nous, faute de quoi nous ne comprendrions même pas ses paroles. C'est pourquoi nous devons aussi faire confiance à cet amour. Il peut transformer notre vie. Il émet des fruits au dehors et devient ainsi une bénédiction pour ce monde. L'amour ne transforme jamais seulement mon propre cœur, mais toujours aussi la vie commune des hommes. Il est comme un levain qui agit sur la société, comme une lumière qui éclaircit les ténèbres de ce monde.

L'expression « prend patience » traduit le mot *makrothymeï* qui figure dans le texte grec original et qui désigne une vaste et grande âme ou un cœur large. Pour saint Benoît, le cœur large est le critère d'un homme spirituel. Dieu ne peut habiter que dans un cœur large. Celui qui possède un cœur large peut également aimer des personnes qui, au premier regard, ne lui sont pas sympathiques. Le cœur large brise le rétrécissement et la fermeture dans laquelle se retire un enfant non aimé pour ne pas être blessé à nouveau. Mais le cœur large est également capable d'attendre. Il espère que le rétrécissement se transformera en élargissement et la fermeture en ouverture.

Celui qui, grâce à l'amour, est doté d'un cœur large n'est pas constamment indisposé à l'égard des autres. Un cœur étroit et mesquin use beaucoup trop d'énergie à se fâcher à propos des autres. Le cœur large a suffisamment de place pour les autres humains avec leurs particularités. Il est placide. Il a le souffle long. Un cœur large permet à l'homme de rayonner agréablement, alors que le cœur étroit produit de l'étroitesse autour de lui. À proximité d'un cœur large, il fait bon vivre. Le cœur étroit, en revanche, éloigne les autres. Ils ont peur de devenir eux-mêmes « étroits ». Le mot « étroit » (en allemand : *eng*) renvoie à l'angoisse (*Angst*) que produit cette étroitesse. La largeur du cœur, pour sa part, reflète la confiance dans les autres. Elle ne fait intervenir aucune exigence ; en revanche, la qualité de l'amour transforme l'homme et lui confère une sensation d'exister positive.

Certes, nous ne cessons de faire l'expérience des manifestations du cœur étroit en nous. Nos pensées au sujet des autres deviennent mesquines. Leur façon de se vêtir, de parler, de se comporter nous irrite constamment. Lors d'une de mes conférences, une auditrice me demanda ce qu'elle devait faire lorsque le cœur étroit se manifestait en elle. Nous devons nous abstenir de lutter contre l'étroitesse, faute de quoi elle se crispe encore davantage en nous.

Il s'agit plutôt de regarder en face les pensées du cœur étroit et d'engager une discussion avec elles. Pourquoi mes pensées sont-elles aussi étroites ? De quoi ai-je peur ? De quoi dois-je me protéger ? Que voudrais-je éliminer de mon cœur parce que cela devient trop dangereux pour moi ? Si je reconnais humblement mon étroitesse, je peux reconnaître également, à côté de cette étroitesse, la largeur de cœur qui est en moi. Le cœur large admet également l'étroitesse en lui. Dans un cœur large, même l'étroitesse peut trouver sa place. Mais elle n'a plus de pouvoir. Si j'accepte de manière bienveillante mon cœur étroit, il peut s'élargir. Dès lors, je sens subitement, dans cette largeur, l'amour qui s'écoule en moi.

Si nous rapportons le cœur large à la fréquentation curative des médecins, professeurs, thérapeutes et accompagnants spirituels, il est évident que seul un cœur large peut guérir. Le cœur large de l'accompagnant spirituel ou du thérapeute élargit aussi le cœur du patient qui tourne étroitement et anxieusement autour de lui-même, qui s'est fermé par crainte d'être blessé à nouveau ou encore par crainte du chaos intérieur qui pourrait faire irruption aussitôt qu'il s'ouvre. Avec un cœur large, le patient peut parler ouvertement de lui-même. En revanche, un cœur étroit fermerait le cœur de l'autre.

Le cœur large intervient aussi dans la relation des parents avec leurs enfants. Les parents qui ont le cœur large peuvent attendre que les enfants trouvent leur identité, qu'ils se débarrassent de leurs maladies infantiles et deviennent adultes. Ils ne s'effraient pas et ne sont pas pris de panique lorsque l'enfant crée des problèmes, qu'il ne peut pas suivre à l'école ou qu'il se fait remarquer par son comportement social. Le cœur large ne néglige pas les problèmes. Il accueille en lui-même l'enfant avec ses difficultés et ses angoisses, afin qu'il y trouve une place pour guérir. Le cœur étroit, en revanche, devient encore plus étroit et plus anxieux du fait des problèmes de l'enfant. Il ne laisse pas entrer l'enfant en lui, mais il veut le traiter comme un « cas ». Mais cela ne crée pas une relation. Et du moment qu'il est exclu du cœur, l'enfant ne peut pas guérir.

Dans l'accompagnement, je rencontre sans cesse des personnes qui me racontent à quel point leur mère était angoissée et avait le cœur étroit. Pour elle, tout devait se dérouler selon des principes fixés une fois pour toutes. Toutes les opinions s'écartant de la sienne étaient diabolisées. Elle déblatérait sur les voisins qui avaient parfois une vision différente des choses ou un autre style de vie. Ces personnes, devenues adultes, continuent à souffrir de l'étroitesse de cœur de leurs parents. Et il faut parfois attendre longtemps avant qu'elles puissent lentement se débarrasser de leur propre étroitesse, héritée de leurs parents, et élargir leur cœur. Pour saint Benoît, le chemin spirituel mène vers une largeur toujours plus grande du cœur. Et le cœur large n'a plus à veiller anxieusement au respect des commandements. Il prend le chemin de la vie dans la joie de l'Esprit Saint.

L'amour rend service. On traduit aussi : « L'amour est bienveillant. » Toutefois, le mot *chresteuetaï* qui se trouve dans le texte grec original désigne, plutôt qu'une manière de penser bienveillante, une orientation bienveillante envers autrui. L'amour porte en lui la tendance à se tourner vers l'autre. Il se manifeste vers l'extérieur, à l'égard des humains, comme bon et bienveillant. C'est pourquoi il éveille ce qu'il y a de bon dans l'autre. Il le traite bien, le touche avec des mains chargées d'affection. L'amour sait qu'il émeut l'autre dans son for intérieur, qu'il promeut le bien en lui et qu'il le met en contact avec le bon noyau qui se trouve en chaque être humain en dessous de tous les mécanismes de défense.

C'est pourquoi l'amour est également toujours optimiste. Il n'abandonne personne. Il croit que même en celui qui blesse les autres, qui se montre plein de méchanceté et de dureté, l'aspiration à l'amour existe, tout comme le désir d'être bon. Et en s'accrochant à cette croyance et à cet espoir, l'amour peut faire surgir ce qu'il y a de bon dans autrui. Il faut souvent beaucoup de temps pour qu'un homme qui s'est fermé entre en contact avec son bon noyau. Mais l'aspiration au bien existe en chacun de nous. L'amour est en mesure d'éveiller cette aspiration.

L'amour confère, à celui qui lui fait sa place en lui-même, un rayonnement bienveillant vers l'extérieur. De celui qui se laisse diriger par l'amour émane quelque chose de bon et de bienveillant, d'amical et de sincère. De plus, il transforme les gens autour de lui. Il a un effet curatif sur les autres. C'est pourquoi un tel amour est particulièrement nécessaire dans l'accompagnement spirituel et la thérapie. Sans cette bonté, le patient ne peut pas entrer en contact avec ce qu'il a de bon en lui ; ce qui s'est durci en lui ne peut pas se changer en quelque chose de bienveillant. En l'occurrence il ne s'agit pas d'exhorter la thérapeute ou l'accompagnant spirituel à se comporter de manière bienveillante à l'égard du patient. Nous devons plutôt nous rappeler sans cesse, dans la conversation, l'amour qui est en nous, qui est bienveillant et qui nous permet de nous tourner vers autrui avec bienveillance. L'amour est la source dans laquelle nous pouvons puiser. Si nous nous laissons guider par lui, du bien émane de nous. Ce n'est pas là une performance, mais une expérience que nous pouvons vivre avec gratitude. Les paroles de l'apôtre visent à nous mettre en contact avec la source de l'amour qui s'écoule en nous.

« Il ne plastronne pas »

Il ne jalouse pas, il ne plastronne pas, il ne s'enfle pas d'orgueil.

Dans le texte grec, « il ne jalouse pas » s'exprime par *ou zeloï*. Cela peut signifier beaucoup de choses.

L'amour ne comporte ni envie ni jalousie. « Il s'abstient de faire de ses propres idées et préférence quelque chose d'absolu ; et il est également exempt de tout zèle égoïste visant à promouvoir ses propres intérêts et objectifs » (*Schrage* 296). L'amour repose en lui-même ; loin de lui l'idée d'être envieux ou jaloux à l'égard d'autrui.

La jalousie est fréquemment liée à notre amour. J'ai reçu une lettre d'une dame qui est fort éprise de son mari et qui sait par ailleurs que son mari est épris d'elle et lui est fidèle. Dans sa lettre, elle me parle de la jalousie qui l'obsède. Si un jour son mari reste à son bureau un peu plus tard que d'habitude, elle est aussitôt saisie par l'angoisse : peut-être y a-t-il quelque chose entre lui et sa secrétaire ? Peut-être préfère-t-il passer davantage de temps avec celle-ci plutôt que de rentrer ponctuellement à la maison. Lorsqu'il rentre enfin, elle l'assaille de reproches. Elle sait que, ce faisant, elle ne rend pas service à leur amour réciproque. Elle a certes peur de détruire cet amour par sa jalousie. Mais elle ne trouve aucun moyen de s'en débarrasser.

En l'occurrence, il ne suffit certainement pas de proclamer que « l'amour ne jalouse pas ». Il s'agit plutôt d'amener cette femme à engager une discussion avec sa jalousie. Quelle est donc la crainte qui accompagne sa jalousie ? C'est l'angoisse de perdre son mari. Cette angoisse a sa source dans des expériences précoces de solitude, ainsi que dans les messages qu'elle a reçus dans son enfance : « Tu n'es pas digne d'être aimé. Aucun homme ne pourra supporter de vivre avec toi. Tu ne trouveras jamais un homme qui t'aime. » La discussion avec la jalousie fait remonter les vieilles blessures à la surface. Mais avec cela, la jalousie n'est pas encore vaincue. Je dois présenter mes blessures à Dieu, afin que son amour s'écoule dans mes blessures et les guérisse.

Il convient de poser, par ailleurs, une seconde question : quelle est l'aspiration qui se dissimule au sein de la jalousie ? C'est l'aspiration à être regardée comme unique par une autre personne et d'avoir son amour exclusivement pour soi. Cette aspiration me renvoie à un besoin insatiable d'amour. En reconnaissant ce besoin, je peux le relativiser. Car je sais que mon mari ne peut pas satisfaire mon amour infini avec son amour limité. Je ne reproche pas à mon mari le caractère limité de son amour. J'essaie plutôt de découvrir dans ma jalousie l'aspiration à un amour qui ne soit pas fragile, auquel je puisse me fier, qui soit absolu.

En dernière analyse, il s'agit de l'aspiration à l'amour divin. Dans l'esprit de saint Paul, il s'agit de découvrir l'amour en soi en tant que don divin qui ne peut pas être détruit sous l'effet des limitations d'un être humain. Le chemin passe dès lors à travers la jalousie en direction du fond de l'âme, où coule cette source d'amour. La jalousie me rappelle alors sans cesse qu'il me faut aller à l'intérieur de moi-même et sentir en moi, au fond de mon cœur, cet amour qui est en moi en tant que puissance que rien ne peut détruire, car elle est divine. Lorsque Paul dit que l'amour n'est pas jaloux, nous ne devons pas considérer ces paroles comme une injonction à l'égard des couples mariés : « Tu ne dois pas être jaloux. » Car la jalousie, bien souvent, n'est pas l'affaire de notre libre volonté. Je connais une dame qui ne voulait absolument pas être jalouse, car la jalousie ne concordait pas avec l'image qu'elle se faisait de l'amour. Mais lorsque son mari invita un jour, avec son approbation, une ancienne amie de jeunesse, la jalousie qu'elle en ressentait lui rendait la situation insupportable. Elle se faisait elle-même des reproches, mais elle ne pouvait rien faire contre cette jalousie qui l'assaillait tout simplement. Dans une situation pareille, il ne servirait à rien que son mari lui fasse des reproches en faisant valoir qu'elle avait donné son accord pour la visite de cette amie de jeunesse. Il est inutile également qu'elle se reproche elle-même sa jalousie. Elle doit admettre en toute humilité qu'elle est impuissante vis-à-vis de cette forte passion. Elle peut alors se laisser guider par sa jalousie vers son for intérieur en étant convaincue qu'au fond de son âme l'amour est présent comme une puissance qui voudrait agir en elle. Lorsqu'elle entre en contact avec l'amour qui est dans son cœur, la jalousie perd son pouvoir. La jalousie se situe dans le domaine émotionnel. L'amour est logé davantage en profondeur, au fond de l'âme. Là où habite l'amour en nous, la jalousie n'a pas accès.

Pour le mot « plastronner », le texte grec utilise *perpereuetaï*. Ce terme désigne un bavard, un hâbleur, un fanfaron. Celui qui est rempli d'amour, qui en fait l'expérience en lui-même comme d'une source intérieure, ne ressent pas la nécessité de s'élever au-dessus des autres, de se sentir quelqu'un de « mieux ». Il n'a pas besoin faire de l'esbroufe et de se présenter à l'extérieur comme meilleur qu'il n'est en réalité. Celui qui plastronne est toujours un individu qui n'est pas en contact avec lui-même. Il ne se « sent » que lorsqu'il se présente bien vis-à-vis de l'extérieur. Mais il n'a pas de contact intérieur avec lui-même et avec son véritable moi. L'amour, en revanche, nous met en contact avec notre moi intérieur. Ainsi, il nous procure la placidité et le calme intérieur. Nous sommes en accord avec nous-mêmes.

La vantardise est souvent l'expression d'un manque de confiance en notre propre valeur. C'est parce que – tel que je suis – je me considère comme un individu sans valeur, que devant les autres je dois me placer au centre. Ou encore je dois constamment faire de l'esbroufe, afin que les gens fassent suffisamment attention à moi. Mais c'est un cercle vicieux: les gens prendront leurs distances vis-à-vis de moi si je me vante constamment, car cela a un effet négatif sur autrui. L'évangéliste Luc nous raconte l'histoire de Zachée, un chef des collecteurs d'impôts, qui était de petite taille. Il avait manifestement des complexes d'infériorité. C'est pourquoi, étant donné son grade, il devait « rapetisser » les autres. Et il devait amasser le plus d'argent possible afin de faire impression sur autrui. Mais il entrait ainsi dans un cercle vicieux : il était de plus en plus exclu et méprisé par les autres.

Or, voici que Jésus le rencontre et l'aime sans formuler d'exigence à son égard. Le fait d'être aimé sans conditions amène la guérison de Zachée. Maintenant il n'a plus besoin de faire de l'épate avec son argent. Il peut dès lors donner la moitié de sa fortune aux pauvres. L'amour le transforme. L'expérience de l'amour le libère de la contrainte d'avoir à faire de l'esbroufe avec sa position et son argent. Quiconque fait l'expérience de l'amour est libéré du besoin de se vanter. Et quiconque sent l'amour en lui comme la force qui réside au fond de son âme ne se vantera plus. Il n'y a pas besoin de le lui interdire: la vantardise est devenue étrangère à sa nature. C'est pourquoi elle ne correspond plus à un besoin intérieur.

Il y a des hommes qui se vantent devant la femme aimée. Mais cela ne marche pas à long terme. Car plus nous nous rapprochons l'un de l'autre, et mieux nous apprenons à connaître la vraie nature de l'autre. Dès lors, il s'agit d'affronter la vérité. Et cela est bien souvent douloureux. Il n'est plus question de se vanter. Cependant, je connais aussi des hommes qui font de l'épate avec leur jolie femme. Ils ont conquis une belle femme et dès lors s'en vantent dans le cercle de leurs amis. Mais une telle situation ne subsiste pas longtemps non plus. Car un jour la femme en aura assez d'être un objet que l'on expose à tous les regards. Elle veut apparaître comme une personne, un Tu, un vis-à-vis, et elle va défier son mari. Si à ce moment l'homme n'est pas prêt à assumer la nouvelle relation, celle-ci se rompra. Celui qui se vante n'est en relation ni avec lui-même ni avec autrui. Et sans relation, l'amour ne peut pas réussir.

L'amour « ne s'enfle pas d'orgueil »: il existe de nombreuses manières de s'enfler. Je peux regarder les autres avec mépris. Je peux constamment souligner mes propres qualités et me placer au centre. C. G. Jung emploie le terme d'« inflation »: la petite image de soi est enflée. Elle est ainsi constamment en danger d'éclater.

L'inflation ne se manifeste pas seulement par un comportement arrogant vis-à-vis des autres. Il existe des formes plus dangereuses d'inflation. Pour C. G. Jung, il s'agit de l'identification avec une image archétypique, par exemple avec l'image archétypique du prophète, du guérisseur, du bienfaiteur, de l'agneau du sacrifice. Lorsque je m'identifie à une image archétypique, je deviens aveugle à mes propres besoins que je satisfais inconsciemment à l'aide de cette image. Lorsque par exemple je m'identifie à l'image du prophète – en ce sens que je suis le seul qui ose dire la vérité – je ne m'aperçois pas qu'ainsi je satisfais mon besoin de puissance à l'égard des autres. Ou encore, lorsque je me vois comme un martyr, je manifeste ainsi mon sentiment d'une mission et mon côté agressif. Être un martyr me rend intéressant dans de nombreux milieux parce que d'autres sont trop dogmatiques. Inconsciemment, j'accuse alors, par toute mon existence, les autres qui ont tous un horizon spirituel si limité. Et je ne remarque même pas à quel point je condamne les autres par toute mon existence, et combien d'agressivité se dissimule dans mon rôle de martyr.

Dans les familles et les groupes, il y a toujours des personnes qui assument le rôle de l'agneau du sacrifice. Mais il y a une certaine agressivité qui émane de l'agneau du sacrifice. Certes, il s'agit là d'agression passive. Vis-à-vis de l'extérieur, l'agneau est doux et amical. Mais il ne fait pas bon vivre à côté d'un agneau du sacrifice. On a constamment mauvaise conscience lorsque l'on s'accorde un plaisir quelconque.

La victime se change facilement en bourreau. L'agneau du sacrifice domine les gens qui l'entourent. Il ne les laisse pas respirer librement. Tous doivent regarder avec gratitude celui qui se sacrifie pour eux. Mais à terme cela ne marche pas bien. Les gens finissent par se révolter contre l'agneau du sacrifice. Dès lors, il se produit souvent des conflits insolubles, car il est difficile pour l'agneau de s'avouer son agression inconsciente.

Pour les thérapeutes et les accompagnants spirituels, le plus grand danger réside dans une identification avec l'archétype du bienfaiteur. Lorsque par exemple une femme me raconte que personne ne l'aime, que personne ne la prend dans ses bras, je sens qu'en moi l'archétype du bienfaiteur ou du guérisseur réagit : je me dis que je pourrais l'aider en lui manifestant ma proximité. Je ne me rends pas compte, alors, que cet archétype me permet de satisfaire mon propre besoin de proximité. Lorsque des thérapeutes ou accompagnants spirituels deviennent abusifs, cela est dû, la plupart du temps, à l'identification avec l'archétype du guérisseur. Ils voudraient manifester de l'amour à la personne qui en a besoin et ainsi la guérir. Mais ils ne s'aperçoivent pas du tout qu'ils se servent ainsi de l'autre pour satisfaire leur propre besoin d'amour.

Il ne s'agit pas de rejeter les images archétypiques. Nous avons le droit de jouer le rôle du bienfaiteur et du guérisseur. Mais nous ne devons pas nous identifier à ce rôle. Nous demeurons toujours des êtres humains. L'image archétypique du guérisseur et du bienfaiteur peut nous mettre en contact avec des facultés qui se trouvent en nous. Mais si nous nous identifions à cette image, nous oublions notre humanité. Celui qui est rempli d'amour peut devenir un bienfaiteur ou un guérisseur d'autrui. Mais en même temps il doit être conscient du fait qu'il n'est qu'un être humain avec ses défauts et ses faiblesses, avec ses limites et ses besoins.

Dans son humanité, il devient alors perméable à l'amour qui peut avoir un effet curatif pour l'autre, étant donné que cet amour n'est pas mêlé à ses propres besoins. Je crois fermement qu'il y a en moi un amour qui est plus grand que moi. Et j'essaie d'être perméable à cet amour. Il ne m'inspire aucun orgueil. Il n'enfle pas mon ego. Je suis reconnaissant de cet amour qui coule en moi en dépit de mon ego. Du fait que je suis perméable à cet amour, il a un effet curatif sur moi-même et sur celui qui prend conseil auprès de moi. Si je me borne à faire constamment un effort pour montrer de l'empathie ou pour aimer le patient, j'exigerai trop de moi. Et mon amour reflétera cet effort. Chez l'autre, il éveillera plutôt des sentiments de culpabilité. En revanche, l'amour qui s'écoule à travers nous est au contraire curatif, libérateur et béatifique. Nous faisons tous deux, le patient et moi, l'expérience d'une qualité de vie qui nous transforme et nous confère un goût nouveau et agréable. L'amour fait toujours du bien à l'un et à l'autre : à celui qui aime et à celui qui est aimé.

Il existe encore une autre manière de « s'enfler ». Je connais des gens qui élèvent leur amour au ciel de telle sorte que l'on a l'impression qu'ils voudraient ainsi échapper à la banalité de leur amour. Cet amour

– racontent-ils à tout un chacun qui les écoute – est quelque chose d'extraordinaire, quelque chose de profondément spirituel, une merveilleuse parenté de l'âme. Cependant, lorsque je dois élever mon amour trop haut dans le ciel, il perd son attache au sol. Puis il s'écoule entre mes doigts. Ou encore, j'élève le (ou la) partenaire au ciel. Un jeune homme m'a raconté qu'il avait trouvé une amie, et qu'elle était pour lui une rédemptrice. J'ai réalisé alors que cette relation ne pouvait pas bien marcher. Car aucune femme n'est une rédemptrice pour l'homme et aucun homme n'est le sauveur pour la femme. Celle-ci peut faire du bien à l'homme. Son amour peut guérir mainte blessure en lui. Mais lorsque j'identifie l'amie (ou l'ami) avec des images archétypiques (rédemptrice, sauveur, guérisseur, bienfaiteur), je deviens aveugle à sa réalité. Dans ce cas, je n'aime pas l'être concret, mais une image idéale. Or, l'amour ne peut pas réussir avec une image idéale.

Voici encore une autre possibilité de l'inflation. Une mère avait deux enfants. En plus de ses propres enfants, elle accueillait encore dans sa famille un garçon comme enfant en nourrice. Elle savait qu'il était difficile. Elle s'en était rendu compte lors de sa visite à la maison d'enfants. Néanmoins, elle pensait qu'elle pouvait le guérir à force d'amour. C'était là une prétention excessive. Elle allait essayer, en investissant beaucoup de son énergie, d'aimer inconditionnellement ce garçon en dépit de ses difficultés. Mais au bout de deux ans, elle devait constater que cet enfant avait abusé sexuellement son propre fils, âgé de dix ans. Elle était alors forcée de le renvoyer à la maison d'enfants. Elle avait trop identifié son amour à des images archétypiques, de sorte qu'elle devait échouer.

Plus d'une femme a constaté déjà avant le mariage que son ami avait des problèmes d'alcool. Mais elle pensait, dans l'exaltation initiale de son amour, qu'elle pouvait le guérir grâce à cet amour. Cependant, par la suite, elle devait reconnaître douloureusement qu'elle n'était pas en mesure de guérir la maladie par son amour, et qu'elle s'était nourrie d'illusions pendant tout le temps qu'ils avaient passé ensemble. L'amour ne s'enfle pas avec de grandes images. Il s'adresse à l'homme tel qu'il est.

« Il n'entretient pas de rancune »

Il ne fait rien de laid, il ne cherche pas son intérêt, il ne s'irrite pas, il n'entretient pas de rancune.

« Il ne fait rien de laid » est exprimé dans le texte grec par *ouk achemoneï*. Cette expression rappelle la philosophie stoïque. Dans celle-ci, elle se rapporte à une conduite malhonnête et inconvenante en paroles et en actes, et à une violation de la dignité humaine. Quiconque ressent de l'amour en lui possède un sentiment délicat pour une attitude pleine de tact, pour les bonnes manières, pour la bienséance et pour la dignité du partenaire. Le mot allemand *Anstand* (« bienséance ») signifie textuellement que je m'arrête devant l'autre et que je le laisse être comme il est au lieu de le pénétrer ou de l'approcher de trop près. Il existe des gens qui n'ont pas l'intuition des limites de l'autre. Ils n'ont pas de *Anstand*. Ils ne peuvent pas s'arrêter. Ils ne peuvent pas attendre que l'autre se montre et s'ouvre.

Paul n'a pas besoin de demander aux hommes un comportement plein de tact. Il est convaincu que l'amour trouve de lui-même le ton juste et la manière correcte pour aborder l'autre et savoir s'y prendre avec lui. Celui qui est plein d'amour n'a pas besoin de se faire remarquer par un comportement exagéré qui rompt toutes les normes. Il sent ce qui fait du bien à l'autre. Il respecte sa dignité. L'amour fait, de lui-même, ce qui est juste. À cet amour s'appliquent les paroles de saint Augustin : *Ama et fac quod vis* (« aime et fais ce que tu veux »). Quand nos actes découlent de l'amour, ils sont toujours justes, appropriés et honnêtes.

L'expression suivante, *ou zeteï ta heautes* (« il ne cherche pas son intérêt ») induit certains exégètes à parler de l'absolu désintéressement de l'amour. Dans l'histoire de la théologie, il y a eu de vifs débats pour savoir si l'amour doit être compris comme *amor benevolentiae* ou comme *amor concupiscientiae*, c'est à dire si celui qui aime ne vise qu'autrui ou si en même temps il aspire aussi à son propre bonheur. Karl Rahner a montré que l'alternative est mal posée. Tout amour se rapporte toujours à l'autre, mais en même temps il fait l'expérience de l'autre comme réjouissante pour soi-même. Et celui qui aime fait l'expérience de lui-même, et ceci d'une manière nouvelle et réjouissante (voir Rahner 237). La psychologie nous a appris que pour nous, humains, un désintéressement absolu n'est guère possible. Dans tout ce que nous faisons, notre propre ego et nos propres besoins sont également en jeu. Cependant, il s'agit de percevoir nos propres intentions et de prendre nos distances à leur égard, ou encore d'être, avec nos besoins égocentriques, perméables à l'amour.

Tout un chacun veut, avec son amour, obtenir aussi quelque chose. Il veut faire bonne figure. Ou encore il veut se sentir bien, dès lors qu'il peut se dire : « Désormais, je suis désintéressé. » Ce serait une erreur de vouloir complètement éliminer ces pensées ; dans ce cas, elles s'introduiraient subtilement dans mon amour désintéressé. Il serait plus réaliste, en revanche, de devenir conscient de ses besoins et de se dire : « Oui, je veux aussi quelque chose pour moi. Mais maintenant, en ce moment précis, j'essaie d'être perméable à l'amour qui est en moi, dont je n'ai pas à tirer vanité, qui en fait m'a été accordé par Dieu en tant que don et en tant que tâche. » Je serai alors humblement conscient de mes propres besoins et néanmoins capable de faire abstraction de moi-même et de mes besoins et de m'adonner entièrement à autrui ou à Dieu.

Si l'amour coule réellement en moi, je m'oublie à cet instant moi-même, ainsi que mon besoin de me sentir mieux. Je suis alors simplement dans l'amour. C'est ce que Paul veut dire : celui qui goûte l'amour ne recherche pas son propre intérêt à ce moment. Cependant, si je fais de cela une exigence, j'essaie certes de la satisfaire ; mais je cours néanmoins le risque que mes besoins refoulés se glissent dans mes actes. Aussitôt que je réfléchis trop sur mon amour et sur mes actions inspirées par cet amour, mon ego est de nouveau à l'œuvre. Je ne peux pas me résoudre à m'oublier ; si je le faisais, je me ferais violence à moi-même. Pourtant Paul nous promet ceci : si l'amour agit en moi, si l'Esprit Saint coule en moi sous forme d'amour, je suis tout d'un coup dégagé de moi-même et des préoccupations au sujet de ce que cela va maintenant m'apporter. Dans ce cas, l'amour coule tout simplement. Je m'épanouis alors dans le don de moi-même sans m'en attribuer le mérite. L'amour est simplement là ; et là où il coule, le don de soi-même se réalise. C'est donc une promesse que Paul nous fait par ces paroles. Il ne s'agit que de faire confiance à cette promesse. Nous ferons alors une fois de plus l'expérience de l'amour qui est en nous et auquel nous nous adonnons de manière désintéressée et altruiste. Ces moments sont toujours des instants de bonheur et de profonde intimité avec Dieu.

Si nous comparons la description de l'amour à l'expérience concrète que nous faisons avec l'amour, il nous est fréquemment impossible de dire que notre amour est désintéressé. Si, au cours de notre enfance, nous avons reçu trop peu d'amour, nous avons, notre vie durant, besoin d'amour. Dans ce cas, nous aimons autrui parce que nous voudrions nous-mêmes être aimés. Nous avons faim et soif d'amour. Nous ne pouvons pas vivre sans être aimé par un autre. Ce besoin nous amène souvent à oublier notre propre moi. Mais ce désintéressement n'est pas libérateur; nous pouvons dire plutôt qu'il nous rend malades. Erich Fromm parle d'un désintéressement névrotique. Il existe des gens désintéressés qui ne vivent que pour les autres. Mais néanmoins ils se sentent malheureux. Souvent ce désintéressement névrotique est l'expression d'une hostilité à l'égard de la vie. Derrière la façade du désintéressement se cache un rapport au moi intense (voir Fromm 73 ss).

J'ai accompagné une femme qui, en raison de son grand besoin d'amour, s'était liée à un homme qui ne cessait de la blesser. Au cours de notre discussion, il devenait évident qu'elle devait se séparer de cet homme-là. Néanmoins, parce qu'elle avait peur de ne plus être aimée, elle a accepté cet amour qui la blessait jusqu'au moment où elle est tombée malade. Une femme qui travaille dans un foyer féminin m'a raconté de nombreux cas de femmes qui sont battues par leur mari. Elles cherchent refuge, dès lors, dans ce foyer. Mais dès que le mari se manifeste à nouveau, elles vivent de nouveau avec lui, bien qu'elles doivent s'attendre à être battues de nouveau. Parce qu'elles ont besoin d'amour, elles oublient leur dignité et se réfugient une nouvelle fois dans l'amour qui, en définitive, n'est pas un amour. Elles ne se sentent elles-mêmes que lorsqu'un homme les désire ou leur promet l'amour. Parce qu'elles ne peuvent rester seules, elles préfèrent être à deux, même si cela est blessant, voire dangereux, pour elles.

La question est de savoir comment nous pouvons aider ces femmes. À coup sûr, cela ne les aide pas de leur dire que leur amour doit être désintéressé. Je leur parlerais plutôt de leur besoin d'amour et de leur aspiration à l'amour. Et je leur dirais : « Dans ton aspiration à l'amour, il y a déjà l'amour. Tu aspires à l'homme pour te sentir toi-même, pour satisfaire ton profond besoin d'amour. Mais tu te rends entièrement dépendante. Tu sais que l'homme te battra de nouveau. Essaie de sentir ce qui est en toi. Tu sais ce qu'est l'amour. Tu y aspires. Au fond de ton cœur, il y a l'amour. Fais confiance à cet amour. Il t'appartient.

Imagine-toi comment cet amour pénètre ton corps, comment il afflue dans ton visage, dans tes mains, dans ta poitrine, dans ton ventre. Imagine-toi qu'il y a là un amour qui te remplit de bienveillance. Il ne te blesse pas. Il te respecte. C'est un amour qui ne se convertit pas en haine. Il n'est pas fragile comme l'amour dont tu fais sans cesse l'expérience. Fais confiance à cet amour qui est en toi.»

Une femme qui a besoin d'amour à ce point ne réussira pas tout de suite à faire confiance à l'amour qui est en elle. Mais le seul moyen de se libérer de l'amour qui blesse consiste à entrer en contact avec l'amour qui est en soi. Afin que la femme ressente cet amour en elle, elle a bien entendu besoin, chez l'accompagnant, de l'expérience d'un amour qui la respecte et qui l'accepte sans l'utiliser. Son besoin d'amour la conduit alors souvent à tomber amoureuse de l'accompagnant. Si celui-ci de son côté a aussi besoin d'amour, il acceptera cette situation. Et dès lors, l'amour ne guérira plus, mais mènera à une nouvelle dépendance. Il faut que l'accompagnant possède lui aussi l'expérience d'un amour qui est en lui et qu'il peut rayonner sans avoir à recevoir quelque chose en échange. Dans ce cas, il aime non pas parce qu'il a besoin d'amour, mais parce que l'amour est en lui.

Ou paroxynetaï se traduit par « il ne s'irrite pas ». L'amour ne rend pas amer, même si l'on se sent exploité, blessé ou insuffisamment respecté. L'amour ne refoule pas l'agression. Mais lorsque je suis en contact avec la source de l'amour, beaucoup de choses ne m'irritent pas. Dès lors, je ne me laisse pas facilement emporter. Toutefois, nous ne devons pas voir la relation entre l'amour et la colère de façon naïve. L'amour et l'agression vont toujours ensemble.

Dans son livre *Das Nein in der Liebe* (« Le non dans l'amour »), Peter Schellenbaum explique comment l'agression peut empêcher l'amour d'exiger trop de nous. Celui qui aime l'autre a toujours besoin d'avoir aussi le sens de ses propres limites et de celles de l'autre. L'agression vise à régler le rapport de la proximité et de la distance. Un amour ne sera fertile à longue échéance que si nous trouvons un bon rapport entre la proximité et la distance. Si nous collons à l'autre, nous sommes paralysés intérieurement. Et une trop grande proximité aura pour effet, un jour ou l'autre, d'éteindre l'amour. Lorsque, à ce moment, l'agression se fait se sentir, elle constitue une impulsion importante en vue de nous permettre de garder une plus grande distance afin que nous puissions continuer à aimer l'autre. Dès lors, quand nous sommes saisis par la colère, nous ne devons pas nous faire le reproche d'aimer trop peu. Bien au contraire, la colère nous incite à mieux définir nos limites afin de protéger l'amour de façon durable.

Nous parlons aussi du « feu de la colère ». Il nous brûle et il blesse d'autres personnes. La colère est souvent l'expression d'un amour refusé. Nous attendons de l'autre qu'il nous aime. Si dès lors nous ne nous sentons pas aimés, ou si nous sommes blessés dans notre amour, la colère se manifeste. Et elle peut devenir en nous un feu qui nous brûle. Tout tourne alors seulement autour de la colère et du ressentiment. Celui-ci nous domine entièrement. Dans notre rage, nous frappons le partenaire. Dans certains cas, les drames du couple se terminent par une fureur sauvage qui peut devenir à ce point aveugle qu'elle conduit jusqu'au meurtre. Un moyen de transformer la colère et d'intégrer sa force dans l'amour pourrait consister à tenter de parvenir, à travers toute la rage, jusqu'au fond de l'âme. En dessous de la colère se situe l'amour, auquel nous aspirons en réalité. La colère doit nous rappeler l'amour qui est en nous et dont cependant elle vise en même temps à nous séparer. L'amour peut également contenir un feu ; mais ce n'est pas un feu qui brûle, mais un feu qui réchauffe. En parlant d'un être qui aime, nous disons qu'il rayonne de chaleur. L'amour n'est pas exempt de passion ; mais ce n'est pas une passion qui dévore, une passion qui, tel un feu, nous brûle et brûle les gens qui nous entourent. Au contraire, cette passion réchauffe les gens. Elle nous met en rapport avec la chaleur ardente de l'Esprit Saint, qui pénètre partout en nous et imprègne tout de l'amour divin.

Une femme m'a raconté qu'elle est souvent en colère lorsque son mari, qui est retraité, se montre trop paresseux pour aider dans le ménage ou pour procéder aux réparations nécessaires dans la maison. Ils en avaient déjà souvent discuté ; mais il se cache toujours derrière son journal ou derrière ses marottes et lui laisse faire tout le travail. Étant donné qu'elle est une bonne chrétienne, elle se reproche de ne pas l'aimer assez. Car l'amour « ne se laisse pas changer en colère ». Mais plutôt que de se faire des reproches, elle devrait transformer sa colère en une force qui incite le mari à travailler. Ou bien elle devrait permettre à sa colère de détruire les illusions qu'elle entretenait au sujet de son mari : il est tout simplement paresseux, et elle doit se réconcilier avec le fait qu'elle a épousé un homme aussi fainéant. La colère lui enlève aussi les illusions qu'elle se faisait à son propre sujet en s'imaginant qu'elle était toujours amicale et pacifique. Chacun de nous est capable d'entrer dans une colère violente. Quelquefois, dans ce cas, nous ne nous connaissons pas nous-mêmes. Ce n'est que lorsque nous nous réconcilions avec notre rage, et que dans notre colère nous nous comprenons nous-mêmes et comprenons l'autre, que cette colère peut se transformer, qu'elle devient féconde pour l'amour et qu'elle nous montre comment protéger notre amour de façon durable. La colère nous apprend à bien nous délimiter et à prendre soin de nous. Elle vise à approfondir notre amour et à laisser pénétrer en lui la force de la passion.

Au confessionnal, des femmes âgées me racontent parfois comment leur mari les blesse à force d'insultes. Ce sont souvent des paroles pleines de haine et de mépris. Comment peut-il se faire qu'un amour se termine par de telles injures ? L'expérience nous montre que l'amour est souvent mêlé de colère et de sentiments de haine. La colère est l'expression de la déception à laquelle conduit l'expérience concrète de l'amour. Et précisément chez les hommes ou femmes d'un certain âge, la colère ou l'amertume dont ils font preuve l'un envers l'autre indique qu'ils ne se sont pas réconciliés avec la transformation de leur amour. À mesure que l'on vieillit, le partenaire n'est plus aussi désirable. Il y a besoin dès lors d'une autre sorte d'amour, d'un amour qui respecte l'autre avec ses limites. Les hommes et les femmes dont nous parlons, au lieu de regretter la transformation de l'amour au cours du vieillissement, expriment leur déception par des insultes. L'expérience de tels sentiments d'amertume, de rancœur et de colère effraie bien des époux. Mais au lieu de se condamner mutuellement, ils devraient faire face à la déception et la regretter. Leur amour peut alors changer de nature ; et ils pourront dès lors, à travers la déception, entrer en contact avec la source de l'amour, qui est en eux.

L'amour « n'entretient pas de rancune ». Il ne rend pas œil pour œil, dent pour dent. Il ne calcule pas. Il ne cherche pas de compensation pour le mal qui a été fait. En énumérant ces qualités de l'amour, nous devons toujours nous rappeler que celui-ci est un don de Dieu. Nous ne pouvons pas créer en nous cet amour simplement à force de volonté. L'amour est en nous parce que l'esprit de Dieu est en nous. C'est la promesse de saint Paul. Notre tâche consiste seulement à faire confiance à cet amour et à entrer en contact avec la source intérieure de celui-ci.

Albert Görres pense que le mal naît fréquemment du fait que nous tenons compte du tort que d'autres nous ont fait. Dès lors se produit un cercle vicieux qui consiste à être blessé et à blesser l'autre à son tour.

Il est fâcheux que les personnes qui ont subi le mal lorsqu'ils étaient enfants l'imputent souvent à des gens qui n'ont rien à voir avec cette expérience du mal. Ils règlent en quelque sorte, après coup, les comptes de leur enfance avec ces gens qui ne sont en aucune façon leurs débiteurs. Le mal consiste à « jouer continuellement son atout après coup et au mauvais endroit » [Görres, *Das Böse* (« Le mal ») 136].

Si nous mettons au compte de l'autre le mal qu'il nous fait, le mal ne s'arrêtera jamais. Le mal produira sans cesse un autre mal. C'est seulement à condition de rompre le cercle vicieux, de cesser de prendre en compte le mal et d'en tenir registre, qu'une coexistence humaine devient possible. L'amour est en mesure de se passer de la prise en compte. En même temps, cette capacité de l'amour contient aussi une exigence. Lorsque nous essayons de renoncer à la prise en compte, l'amour croît en nous. Il y a là un effet réciproque : l'amour nous rend capables de renoncer à la prise en compte. Et ce renoncement nous met en contact avec l'amour qui est en nous et le fait plus fortement affluer en nous.

« Il trouve sa joie dans la vérité »

Il ne se réjouit pas de l'injustice, mais il trouve sa joie dans la vérité.

L'amour ne se réjouit pas de l'injustice faite à d'autres. Lui-même ne peut rien faire d'injuste. Il ne connaît ni intrigues ni brutalités. Il fait ce qui est juste. Il rend justice à l'autre, et il le traite correctement. Il ne connaît pas non plus la joie causée par le malheur d'autrui. Il n'est pas heureux lorsque quelque chose de désagréable arrive à l'autre ou lorsqu'il est blessé et traité injustement par d'autres. L'amour souhaite à chaque personne que justice lui soit rendue et qu'il puisse vivre correctement. Il a le sens de ce qui est bon pour l'autre. Et il possède une antenne très fine pour déceler l'injustice, les reproches et accusations injustifiées et pour tout agissement injuste.

L'amour trouve sa joie dans la vérité. Le mot « vérité » peut signifier ici – comme l'affirment de nombreux exégètes en se référant au langage de la Septante – la justice ou la justesse. Mais pour moi, la « vérité » a ici encore une autre signification. Le terme grec pour « vérité », *aletheïa*, exprime le fait que l'on retire le voile qui recouvre la réalité. Dans le langage de Martin Heidegger, « vérité » signifie « non-auscultation de l'être ». Autrement dit, on met à jour ce qui est authentique. La vérité n'est pas faussée par nos projections, par les lunettes roses ou foncées à travers lesquelles nous regardons tout. L'amour est source de connaissance. Il nous fait voir les choses telles qu'elles sont dans leur essence. Et il se réjouit de ce qui est.

Le terme hébreu pour désigner la vérité, *emouna*, nous renvoie encore à une autre signification de cette notion. La vérité signifie ici : stabilité, solidité, fiabilité. La vérité doit sans cesse se révéler par des actes conformes à celle-ci. La valeur de la vérité dépend toujours de la solidité des relations humaines. Il n'y a pas de vérité sans une bonne relation avec autrui. C'est dans ce sens que s'interprète aussi le mot allemand *Wahrheit*. Il a le sens de « digne de confiance, fiable ». Il est lié à la racine qui signifie « faveur, cordialité, complaisance ». Le vrai est donc ce qui crée la confiance. La vérité m'est dite seulement par celui qui veut me faire une faveur, qui est cordial avec moi. C'est pourquoi il est absurde en soi d'asséner la vérité à quelqu'un, tel un coup. C'est là le contraire de la vérité. La vérité a toujours à voir avec une relation bonne et cordiale. L'amour et la vérité sont liés l'un à l'autre de par leur nature. C'est seulement lorsque j'aime l'autre que je peux lui révéler sa vérité. Et il ne peut supporter cette vérité qu'à condition qu'il sache que je l'accepte et que je l'aime avec tout ce qui est en lui.

L'amour n'est pas un sentiment qui rend aveugle à l'égard de la vérité. Il existe certes un dicton selon lequel « l'amour rend aveugle ». Lorsque je suis amoureux, je tourne autour de ce sentiment d'être amoureux au point de devenir aveugle vis-à-vis de la réalité de l'autre. Je le transfigure et le magnifie. Je ne veux voir en lui que ce qui me fait du bien. L'amour authentique se réjouit de la vérité, de notre vérité personnelle et de la vérité de l'autre. Seul l'amour nous rend aptes à dire la vérité à autrui. Et nous ne pouvons pas considérer notre propre vérité avec un regard purement analytique. Nous avons besoin d'un regard aimant pour faire face à notre vérité. Le regard aimant ne juge pas. Il laisse la vérité être ce qu'elle est. Car la vérité consiste en ce que la réalité apparaît telle qu'elle est.

À la lumière de la philosophie du philosophe chrétien Gabriel Marcel, cette joie que l'amour trouve dans la vérité acquiert encore une fois une autre signification. Gabriel Marcel parle, en se rattachant à Martin Heidegger (dont il connaît bien la philosophie, en même temps qu'il prend ses distances vis-à-vis d'elle), de l'existence de ce qui existe. L'existence est la nature, l'essence des choses qui existent. Et cette existence est pour Marcel, en définitive, l'amour. L'existence illumine ce qui existe. Elle est pour Marcel l'origine de toutes les choses qui existent, et en même temps l'origine de toute pensée. Et cette existence est pour lui identique à l'amour. Pour moi, cela signifie ceci : plus la vérité s'éveille en nous, plus nous entrons en contact avec l'existence, et plus nous touchons à l'amour comme fondement de toute réalité. Lorsque l'existence de ce qui existe devient apparente, on peut en faire l'expérience sous forme d'amour. Ce dernier pénètre toute la réalité. Par conséquent, plus nous entrons en contact avec la réalité et sa vérité, et plus l'amour s'ouvre à nous. Et inversement : seul l'amour est apte à reconnaître la vérité authentique. Pour celui qui aime, le voile qui recouvre tout est retiré et l'authenticité de la réalité, l'existence de ce qui existe, s'illumine. L'amour nous conduit à la vérité sur nous-mêmes et à la vérité d'autrui. C'est seulement à condition d'aimer l'autre que nous pouvons réellement le reconnaître. Sans l'amour, nos lunettes, à travers lesquelles nous regardons l'autre, sont voilées. L'amour nous ouvre la vérité.

En grec, pour exprimer la joie causée par la vérité s'exprime par le mot *syncharïreï* qui désigne une joie partagée. Cette joie partagée me renvoie à ce qui se passe dans l'accompagnement spirituel ou la thérapie, ou encore à toute bonne conversation entre deux personnes. Le sommet d'une bonne conversation apparaît lorsque les deux interlocuteurs touchent à la vérité et s'en réjouissent ensemble. Lorsque le patient découvre sa vérité, lorsqu'il trouve le courage de regarder en face sa réalité, le thérapeute se réjouit avec lui. Il est témoin d'un phénomène qui le dépasse. Il ne l'impute pas à lui-même, mais il sent qu'un miracle se produit lorsque les gens peuvent accepter leur vérité.

Un thérapeute a déclaré que parfois les couples mariés qui viennent le consulter recouvrent leur vérité intérieure à l'aide de leur amour. Ils ne veulent pas s'avouer que leur relation est terminée. Certes, il n'est pas facile de décider quand l'amour peut faire revivre une relation devenue vide et quand nous nous dérobons à notre propre vérité et préférons coller un bon emplâtre par-dessus comme si l'amour pouvait tout transformer. Là encore il est important de faire confiance à l'amour, mais encore de regarder la vérité en face dans l'amour. Le véritable amour trouve le courage nécessaire pour cela, même si la vérité signifie que la relation est arrivée à sa fin. Il ne condamne pas, mais il découvre la vérité afin qu'elle devienne salutaire pour tous.

« Il endure tout »

Il excuse tout, il croit tout, il espère tout, il endure tout.

La description de l'amour se termine par cette phrase concise dans laquelle Paul utilise quatre fois le terme grec *panta* (« tout »). Wolfgang Schrage, spécialiste du Nouveau Testament, parle, à propos de ce passage, de « phrases qui coupent le souffle, conférant une force exceptionnelle au langage». Je voudrais examiner dans le détail ces quatre affirmations de Paul, sans jamais oublier que le mot *panta* relie ces quatre affirmations entre elles.

L'expression grecque *panta stegueï* peut être traduite de différentes manières. Soit par « il supporte tout » (comme dans la Traduction Œcuménique allemande de la Bible). Ou encore par « il couvre tout »;

« il garde tout pour lui »; « il recouvre tout par le silence. » Du point de vue linguistique, les deux interprétations sont possibles et ont un sens. Certains exégètes les relient donc entre elles[1].

Celui qui est rempli d'amour peut beaucoup supporter sans pour autant exiger trop de lui-même. Là encore, il ne s'agit pas d'une exigence moralisatrice selon laquelle nous devons négliger nos propres sentiments et besoins, et supporter tout ce que les autres tout ce que les autres nous font subir. L'amour n'est pas une passivité pure qui se satisfait de n'importe quoi. Une telle interprétation du mot « supporter » rappellerait l'attitude des stoïciens consistant à supporter toutes les misères qui nous frappent. Notons que Paul est parfaitement convaincu que les chrétiens sont capables, dans leur comportement, de satisfaire toutes les exigences du stoïcisme. Quelquefois, il leur demande de donner un bon exemple aux gens et de vivre, aux yeux du monde, selon ce qu'exige la philosophie stoïque.

Mais ici il s'agit de la force de l'amour. Celui qui est rempli d'amour peut supporter beaucoup de choses sans que cela le brise. En même temps, toutefois, l'amour a en lui quelque chose qui recouvre. Il ne fait pas passer sous le tapis tout ce qui nous gêne. Bien au contraire, il est comme un manteau qui recouvre affectueusement ce qui nous est désagréable, ce qui semble exiger trop de nous, ce qui est nu et découvert, ce qui nous fait souffrir du froid. Ainsi, l'amour ravit son

1. La traduction française selon la TOB. (« il excuse tout ») s'écarte quelque peu des diverses traductions allemandes citées (N d T).

pouvoir à ce qui est négatif. Cela s'applique aussi bien aux choses désagréables que nous portons en nous-mêmes qu'à ce qu'il y a de négatif dans autrui. Nous voyons ce qu'il y a en nous et ce qu'il y a dans les autres. Nous ne le refoulons pas, nous ne le supprimons pas. Mais en le regardant avec amour, nous le recouvrons. Sous le manteau de l'amour, ce qui est désagréable et hostile peut se transformer. Alors cela n'a plus de pouvoir sur nous, mais devient une partie de nous-mêmes. Cela nous sert et nous fortifie sur notre chemin.

Le mot grec *steguein* nous rappelle aussi « toit et plafond ». L'amour est comme un toit de protection. Elle nous préserve de l'humidité qui menace de pénétrer dans notre « maison de vie » et des dispositions négatives qui risquent de s'y fixer. L'amour est comme une maison que nous habitons, où nous pouvons nous sentir à l'aise et qui nous protège des intrus qui voudraient contester notre droit de maître de maison. Celui qui demeure dans la maison de l'amour peut également offrir à d'autres personnes un toit protecteur sous lequel ils se savent protégés et se sentent chez eux.

La Bible nous parle de la couverture à l'aide de laquelle l'amour recouvre la nudité d'un homme. Noé avait planté une vigne et goûté le vin. Il était couché, soûl et nu, sous sa tente. Ham, son fils, s'aperçut de la nudité du père et en parla à ses frères. Il rendit publique la nudité du père et la condamna. En revanche, les deux autres fils de Noé prirent le manteau de Noé. « Ils le placèrent sur leurs épaules à tous deux et, marchant à reculons, ils couvrirent la nudité de leur père. Tournés de l'autre côté, ils ne virent pas la nudité de leur père » (Gn 9,23). Ils recouvrirent affectueusement la nudité de leur père. Lorsque Noé sortit de son ivresse, il apprit ce que son fils Ham lui avait fait. Il le maudit.

Celui qui dénonce à grands cris les défauts d'autrui fait en définitive du tort à lui-même. Celui qui recouvre les défauts d'autrui avec de l'amour ne ferme pas ses yeux devant la vérité. Mais il la recouvre, afin que des gens sans amour ne portent pas de jugement sur la vérité de l'autre. Ce recouvrement par l'amour signifie que l'on ne juge pas, mais que l'on a confiance en la capacité de l'autre de mûrir sous l'effet de l'amour et de se débarrasser de ses défauts.

Les premiers moines ont une vue similaire des choses. Au sujet du patriarche Makarios le grand, on raconte « que, comme il est dit dans l'Écriture, il était un dieu sur terre (Pd 82,6) ; car, de même que Dieu couvre le monde pour le protéger, le patriarche Makarios recouvrait les faiblesses qu'il voyait comme s'il ne les voyait pas, et ce qu'il entendait comme s'il ne l'entendait pas » (Apophtegmes 485). Makarios recouvre les défauts et les faiblesses des autres humains à l'aide du manteau de son amour, non pour les refouler, mais afin que les blessures qu'ils provoquent guérissent dans l'amour de Dieu.

« Il croit tout » ; dans le texte original grec : *panta pisteueï*. L'amour fait pleinement confiance à l'autre. Il ne cesse jamais de compter sur lui. Il croit à la présence d'un bon noyau dans l'autre. Il ne néglige pas le mal et l'endurcissement dans l'autre : mais il perçoit, à travers cela, le noyau divin, l'aspiration intime au bien. Dans chaque être humain, il y a une aspiration à être bon. Et le noyau le plus intime dans l'homme est indemne et bon.

Des théologiens évangéliques s'opposent fréquemment à cette interprétation. Mais Paul parle de l'esprit qui habite en nous. Et là où l'Esprit habite en nous, nous sommes intacts et sains, nous sommes bons. L'amour n'est-il pas un don de l'Esprit Saint? Paul va même jusqu'à identifier l'amour avec l'Esprit Saint. Ainsi, nous pouvons croire que dans chaque être humain l'Esprit Saint est à l'œuvre. Et là où se trouve l'Esprit de Dieu, l'homme est libre de tout assujettissement au mal; il est en contact avec le bon noyau, le noyau divin, qui est en lui, avec l'image originelle et intacte que Dieu s'est faite de lui. L'amour fait pleinement confiance à l'autre, parce qu'il sait que Dieu tient de nombreuses possibilités à la disposition de celui-ci.

Cette phrase: « L'amour croit tout » est un défi, une invitation à ne jamais abandonner un être humain. À chaque fois que je connais une déception, je m'accroche à cette phrase. La déception est aussi une réalité. Je n'avais pas pensé que cette personne pourrait me blesser de cette façon, qu'elle pourrait abuser de ma confiance. Mais je ne m'arrête pas à la déception. J'essaie, contre toute apparence, de croire que dans l'autre il y a une aspiration à être bon. Et je me demande comment je peux éveiller son aspiration au bien.

Cette phrase est également d'une importance déterminante pour tout accompagnement spirituel et toute thérapie. Quelquefois, nous avons l'impression que tel homme ou telle femme a été blessé depuis son bas âge à tel point qu'aucune guérison ou amélioration n'est possible. Mais si je fais confiance à l'amour qui est en moi, je ne cesse pas de croire en l'autre. J'essaie alors de m'introduire par la pensée dans l'autre. J'essaie alors de découvrir, à travers sa coque durcie, l'enfant qui est à l'intérieur de lui – enfant qui a été blessé, mais qui n'en est pas moins de nature divine – et de l'attirer vers moi. Je crois que dans l'autre, en dépit de toutes ses blessures et de toute sa fragilité, il y a un noyau bon et sain. Avec les yeux de l'amour et de la confiance, j'essaie de découvrir ce noyau. En y croyant, je permets aussi à l'autre d'y croire et de ne pas s'abandonner lui-même. Ma confiance est pour l'autre un espace dans lequel, petit à petit, sa propre confiance en lui-même et en ce qu'il y a de bon en lui peut croître.

« Il espère tout »; dans le texte grec original: *panta elpitseï*. Le terme allemand pour « espérer », *hoffen*, est apparenté à *hüpfen* (« sautiller »). Il désigne une certaine vivacité intérieure. Celui qui espère est plein de vie. « Espérer » est différent d'« attendre ». Le philosophe français Gabriel Marcel a écrit une *Philosophie de l'espérance*. Il y souligne que l'espérance ne consiste pas à entretenir une attente déterminée. L'espérance se place toujours dans une relation d'amour: j'espère en toi et pour toi. L'espérance est donc l'expression d'un amour qui n'abandonne jamais l'autre. Je peux attendre que le bon noyau dans l'autre se développe et que la vie, dont Dieu lui a fait don, éclose en lui.

Paul dit à propos de cette espérance: « Voir ce qu'on espère n'est plus espérer; ce que l'on voit, comment l'espérer encore ? Mais espérer ce que nous ne voyons pas, c'est l'attendre avec persévérance » (Rm 8,24-25). L'espérance fait sortir de l'autre ce que nous ne voyons pas encore en lui. Nous espérons que chacun peut guérir, qu'à un moment donné il fait confiance à son aspiration au bien et à une vie réussie, et qu'il prend alors le chemin de la transformation. Mais bien souvent, ce n'est pas là ce que nous voyons. Nous ne voyons qu'une personne malade, renfermée et amère. Cependant, l'espérance mise sur ce que nous ne voyons pas encore. Ce qu'il y a d'intact et de sain dans l'autre est souvent invisible. Mais parce que nous espérons, nous pouvons continuer à aimer la personne qui est prisonnière d'elle-même et qui se ferme. Car nous espérons qu'elle abandonnera sa façade dure et qu'elle fera confiance à la vie qui est en lui.

Toutefois, notre espérance ne se rapporte pas seulement à l'autre, mais encore à nous-mêmes. Je connais de nombreuses personnes qui ont fait une longue thérapie, qui ont parcouru un itinéraire spirituel intense et qui ont pourtant l'impression que tout cela n'a servi à rien, qu'ils n'ont pas avancé, qu'ils ont toujours les mêmes défauts dont ils souffrent et qu'ils sont toujours aussi sensibles et peu équilibrés que par le passé. En revanche, si l'amour est en moi, je n'abandonne jamais l'espérance, je ne m'abandonne jamais moi-même. J'espère en ce qui est en moi et que je ne vois pas encore, en le bon noyau, en les possibilités dont Dieu m'a fait don. Lorsque je souffre de mes blessures, j'espère que mes plaies seront transformées en perles et que, sur mon chemin intérieur, je croîtrai pour atteindre la stature unique que Dieu m'a assignée.

Bernhard Welte a mis en lumière, dans son analyse philosophique de l'amour, l'étroite relation entre celui-ci et l'espérance. L'amour ne fixe pas l'autre à l'image que, de l'extérieur, nous nous faisons de lui. Il pénètre à travers ce qu'il y a de dissimulation et de refus dans l'attitude de l'autre et découvre, « sous les broussailles d'une vie confuse, le Tu, avec ses espérances mêlées d'hésitation et d'angoisse et pourtant belles, et avec les bonnes perspectives que contiennent ces espérances » (Welte 39). L'amour « ose espérer hardiment en entretenant l'espérance cachée, et cela même contre toute espérance. Et précisément grâce à cela, il vivifie l'espérance timide » (Welte 39 ss). La philosophie confirme donc l'affirmation de saint Paul selon laquelle « l'amour espère tout ». L'amour peut attendre que dans l'autre se développent les possibilités qui sont sous-jacentes en lui.

Dorothée Sölle a élaboré, dans sa réflexion sur les conceptions différentes de l'amour chez Bert Brecht et Max Frisch, l'essence de l'amour chrétien. Pour Max Frisch, l'amour signifie : ne pas se faire une image de l'autre. Frisch exprime ainsi quelque chose d'essentiel concernant l'amour. Mais le fait de ne pas se faire d'image peut aussi conduire facilement à la résignation : je laisse l'autre comme il est. Bert Brecht, dans un texte bref, fait apparaître une vision différente de l'amour. « Que faites-vous quand vous aimez une personne ? Je fais une ébauche d'elle, dit Monsieur K., et je veille à ce qu'elle lui ressemble. Qui, elle ? L'ébauche ? Non, dit Monsieur K., la personne » (cité d'après : Sölle 30). Ici, la personne qui aime paraît vouloir ajuster la personne aimée à son ébauche. Sölle pense que la tension entre ces deux textes ne peut être rendue féconde que par la croyance et l'espérance :

« L'amour fait l'ébauche de l'autre, il n'est pas concevable sans espérance, mais il se laisse néanmoins arracher l'ébauche des mains, la renverser. Il ne fait un absolu ni du passé (comme le font les faiseurs d'image) ni de l'avenir prévisible (comme le font les ébaucheurs parfaits). Tout comme il n'est guère possible d'aimer sans espérer, il n'est guère possible d'aimer sans croire, à savoir sans croire que mon ébauche n'est pas tout, et que même son échec ne signifie pas la fin de toutes les possibilités de l'amour » (Sölle 36).

La foi et l'espérance – Sölle en est convaincu – protègent l'amour. Elles protègent l'amour de la tentation de fixer la personne par une image ou une ébauche, et elles le protègent également de la tentation de se résigner et de laisser la personne comme elle est. Sans foi ni espérance, il n'y a pas de véritable amour.

L'amour qui espère est la condition préalable de toute forme d'éducation et d'accompagnement ou de thérapie. Les parents ne peuvent pas éduquer leurs enfants s'ils n'espèrent pas ce qu'ils ne voient pas encore. L'amour espère que la vie, qui souvent se trouve encore cachée dans l'enfant, se déploiera. L'accompagnant spirituel ou le thérapeute ne doit jamais abandonner l'espoir. S'il met ses espoirs dans ce qui se trouve dans l'autre, il peut attendre. C'est une attente active et en même temps patiente qui est marquée par l'espérance : l'autre guérira. Il avancera sur son chemin intérieur et extérieur. Là encore s'applique ce que Gabriel Marcel a dit de l'espérance : dans la thérapie, nous n'espérons pas un résultat quelconque, mais nous espérons pour le patient et nous mettons notre espoir en lui. L'amour qui découle de la foi et de l'espérance n'abandonne pas le patient; au contraire, il essaie de faire sortir ce qu'il y a de bon en lui, souvent contrairement à l'apparence de fermeture et contre tout espoir.

Panta hypomeneï: « il endure tout ». Le terme grec peut avoir différentes significations. En relation avec Dieu, le verbe *hypomeneïn* signifie: attendre Dieu. Il se rapproche alors de l'espoir. Les chrétiens doivent attendre Dieu dans l'amour et, au milieu des agitations de ce monde, ne pas se soucier des misères, mais regarder vers Dieu et espérer en lui.

En relation avec l'expérience vécue dans ce monde, *hypomeneïn* signifie: rester en place, tenir bon, endurer. Les Grecs pensent ici aux soldats qui résistent à l'assaut de l'ennemi; ils ne s'enfuient pas, ils restent en place. Le substantif *hypomone* est souvent traduit par « patience ». Toutefois, le mot « patience » évoque plutôt un comportement passif. *Hypomone*, en revanche, a un sens actif: résister, tenir bon, supporter, endurer. C'est une vertu virile qui se réfère à la résistance courageuse à un ennemi puissant.

Les Romains, comme les Grecs, respectent cette patience virile. Pour Cicéron, homme politique et philosophe, elle consiste à assumer les plus grandes tâches et les plus grandes souffrances afin de sauver tous les peuples (voir Spanneur 243). Les Pères de l'Église louent la vertu de la patience. Ils soulignent que l'acceptation patiente des souffrances par les premiers chrétiens avait converti le peuple romain à la foi chrétienne. L'amour n'esquive pas les difficultés. Il les supporte et les endure, car il regarde Dieu et espère son salut.

Lorsque Paul dit à propos de l'amour, qu'« il endure tout », il ne faut pas en déduire l'exigence que les époux doivent supporter toutes les difficultés : quiconque aime doit accepter tous les coups infligés par le partenaire et toutes les souffrances subies dans le mariage. Ce serait là une attitude passive. Paul veut dire autre chose : quiconque sent l'amour en lui est apte à faire face aux conflits. Il a la capacité de résister. L'amour est une force qui nous rend aptes à tenir tête aux attaques et aux comportements agressifs d'autrui. Il ne nous fait pas reculer.

Il ne s'agit donc pas de tout supporter et de ne jamais se défendre même lorsque le partenaire me blesse fréquemment et profondément. Ce serait de la résignation et, en fin de compte, du masochisme. « Endurer » signifie plutôt que je ne me laisse pas démonter dans mon amour. Je reste debout. J'oppose mon amour à l'agression. J'espère que mon amour est plus fort que les forces agressives dont je sens la présence chez l'autre. Mais en même temps, je dois m'avouer en toute humilité que je ne peux pas endurer tout.

L'amour ne nous demande pas de nous laisser briser. Il n'exige pas non plus trop de nous. Mais si, en présence de toutes les charges qui nous sont imposées, nous sommes en contact avec l'amour qui est en nous, nous ne percevons pas ces charges comme écrasantes.

L'hostilité dont nous sommes l'objet ne peut pas pénétrer dans l'espace intérieur où l'amour habite en nous. Là où est l'amour, nous pouvons tenir bon par nous-mêmes sans nous laisser dominer par autrui. Même si une personne m'insulte, je ne me laisse pas enlever mon amour. Je reste debout fermement en lui. L'amour me donne la capacité d'être debout. Il est comme un roc sur lequel je puis me tenir debout en toute sécurité.

« L'amour ne disparaît jamais »

L'amour ne disparaît jamais. Les prophéties ? Elles seront abolies.

Les langues ? Elles prendront fin. La connaissance ? Elle sera abolie.

Car notre connaissance est limitée et limitée notre prophétie,

Mais quand viendra la perfection, ce qui est limité sera aboli.

Lorsque j'étais enfant, je parlais comme un enfant,

Je pensais comme un enfant, je raisonnais comme un enfant.

Devenu homme, j'ai mis fin à ce qui était propre à l'enfant.

À présent, nous voyons dans un miroir et de façon confuse,

Mais alors ce sera face à face.

À présent, ma connaissance est limitée,

Alors, je connaîtrai comme je suis connu.

Le mot grec *pipteïn* qui se traduit ici par « disparaître » peut signifier aussi « s'écrouler ». On pourrait dès lors associer ce verset aux affirmations précédentes concernant l'amour : il résiste à tout et ne s'écroule pas sous le poids des difficultés. Cependant, de nombreux exégètes traduisent *pipteïn* par « disparaître ». Ils relient ainsi cette affirmation aux phrases suivantes où Paul indique que seul l'amour demeure, alors que les deux dons que les Corinthiens jugent si importants (la connaissance et le don prophétique) disparaissent, voire sont anéantis.

Paul reprend les phrases conditionnelles introduisant ses réflexions sur l'amour et dans lesquelles il affirme que la connaissance et la prophétie ne sont rien sans l'amour. Maintenant, il souligne que seul l'amour demeure. L'amour n'est pas seulement un charisme, pas seulement un don de la grâce divine, mais un « phénomène de l'éternel dans le temps » (Conzelmann 266), alors que la connaissance et le don prophétique sont des « manifestations de l'esprit dans le cadre du provisoire » (Conzelmann 266). Les dons de la grâce nous sont offerts seulement à titre de consolation pour le temps d'attente de l'avènement de Jésus. C'est ce que Paul a expliqué aux Corinthiens déjà dans l'introduction à son épître : « C'est que le témoignage du Christ s'est affermi en vous, si bien qu'il ne vous manque aucun don, à vous qui attendez la révélation de notre Seigneur Jésus-Christ » (1 Co 1,6-7).

Et Paul utilise encore une autre image pour décrire le contraste entre l'amour et les deux autres charismes : la connaissance et le don prophétique sont « limités », tandis que l'amour est la perfection. La connaissance et le don prophétique ne font apparaître qu'un aspect de Dieu. L'amour, en revanche, nous introduit en Dieu lui-même. Les Corinthiens sont fiers de leurs expériences extatiques, à la limite des possibilités humaines, dans le domaine de la glossolalie et du don prophétique. Toutefois, s'il est vrai que ces expériences extatiques nous renvoient à Dieu, elles ne nous font pas participer à Dieu. Seul l'amour peut le faire, l'amour qui doit faire ses preuves précisément dans la normalité et la banalité de notre vie quotidienne.

En vivant, en plein milieu de la vie quotidienne, de l'amour que Dieu nous donne, nous participons à Dieu. Et cette participation deviendra parfaite lorsque le Christ se manifestera dans toute sa splendeur. Car « Dieu est amour », comme il est dit dans la première épître de Jean (1 Jn 4,16). L'amour subsistera, même lorsque nous serons parfaits en Dieu. Il n'est pas seulement un don de Dieu qui nous est offert pour nous aider à accomplir avec succès le chemin de notre vie terrestre. Il est Dieu lui-même. Et Dieu ne disparaît jamais. Il nous remplit dans la mort d'une manière jusque-là impossible. Il nous donne l'unité avec nous-mêmes, et dans cette unité l'achèvement de l'amour. L'amour s'achève par la mort. En même temps, il survit à la mort. Il est plus fort que la mort. Dans la mort, il sera parfait. Et tout ce qui est limité et fragile dans notre existence humaine disparaîtra, afin que Dieu nous rende parfaits dans son amour.

À la suite de cela, Paul oppose différentes étapes de notre vie : l'enfance et l'âge adulte. Étant enfant, il pensait et parlait comme un enfant. Devenu homme, il a mis fin à tout ce qui était propre à l'enfant. Cette mise en opposition de l'âge d'enfant d'un côté et de l'âge d'homme de l'autre était populaire dans l'Antiquité. Paul associe « ce qui est limité » à l'étape de l'enfance. Il veut dire ainsi que tout ce que nous considérons comme important ici sur terre, tout ce dont nous nous vantons, tout cela est infantile en comparaison avec la perfection qui apparaîtra lorsque nous ne verrons plus Dieu comme dans un miroir, mais face à face. L'image du miroir est populaire chez les Grecs. Pour les philosophes grecs, de Platon à Plutarque, le miroir symbolise le fait que nous ne pouvons voir Dieu que de façon indirecte. La création est en quelque sorte le miroir dans lequel nous admirons la beauté de Dieu. Paul combine deux images, celle du miroir et celle de la confusion.

La confusion renvoie à la théologie juive. Dans le *Livre des Nombres*, il est dit que Dieu parle aux hommes à travers des visions et des rêves. C'est seulement avec Moïse qu'il a parlé face à face (voir Nb 12,6-8). Paul rapporte cela à notre vie : Dieu ne nous parle qu'à travers des rêves, et cela de façon confuse. Lorsque nous serons achevés au moment de l'apparition de Jésus-Christ, nous pourrons comme Moïse voir Dieu face à face. Dans cette vision non voilée de Dieu, l'amour atteint sa perfection. Dès lors l'amour n'est pas seulement une puissance qui confère à notre vie, dès à présent, un goût différent. Dans la mort, l'amour devient aussi la pleine connaissance de Dieu. Alors la connaissance et l'amour ne seront plus en opposition, mais formeront une unité. Dans la vision de Dieu, nous deviendrons un avec lui. Nous reconnaîtrons que Dieu est amour. Lorsque nous reconnaîtrons cela, notre amour atteindra sa perfection. Nous deviendrons un avec l'amour qui est Dieu lui-même.

« La foi, l'espérance et l'amour, mais l'amour est le plus grand »

Maintenant donc, ces trois-là demeurent,
La foi, l'espérance et l'amour, mais l'amour est le plus grand.

La Foi, l'Espérance et l'Amour sont devenus dans l'histoire les vertus chrétiennes ou théologales, à la différence des quatre vertus cardinales que Platon avait définies et qui ont également été reprises par la théologie chrétienne; justice, force, tempérance et prudence. Les trois vertus théologales sont étroitement liées entre elles. Il n'y a pas d'amour sans foi. Je dois croire à ce qu'il y a de bon dans l'autre afin que je puisse bien me comporter avec lui. Sans la foi, l'amour deviendrait une exigence excessive. Et il n'y a pas d'amour sans espérance. L'amour est toujours aussi espérance. Paul lui-même a fait figurer cette trilogie – foi, espérance et amour – également en d'autres endroits, notamment dans la *Première Épître aux Thessaloniciens*: « Sans cesse, nous gardons le souvenir de votre foi active, de votre amour qui se met en peine, et de votre persévérante espérance en notre Seigneur Jésus-Christ, devant Dieu notre Père » (1 Th 1,3). Et un peu plus loin, il parle de la « cuirasse de la foi et de l'amour » que nous devons revêtir « avec le casque de l'espérance du salut » (1 Th 5,8). La Foi, l'Espérance et l'Amour sont donc étroitement liés. Ces trois vertus décrivent la nature de l'existence chrétienne.

Les Pères de l'Église n'ont cessé de méditer sur ce verset. Leur problème était surtout celui de savoir jusqu'à quel point la foi et l'espérance demeurent encore dans la perfection. Car d'après Paul lui-même, l'espérance est remplacée par l'accomplissement (voir Rm 8,24) et la foi par la vue (voir 2 Co 5,7). Clément d'Alexandrie pense que dans la vision de Dieu la foi et l'espérance s'effacent et seul demeure l'amour dans lequel nous devenons un avec Dieu. Augustin, en revanche, résout cette tension entre l'amour qui demeure toujours, et la foi et l'espérance qui – de l'avis de la plupart des Pères de l'Église – s'effacent dans la vision de Dieu, en ce sens que la foi et l'espérance sont incluses dans l'amour. L'amour porte, et achève en lui-même, la foi et l'espérance. Hans-Josef Klauck répond à cette question du rapport entre foi, espérance et amour :

« Que seul l'amour recouvre les temps de manière entièrement inchangée, car seul l'amour peut être énoncé par Dieu lui-même. Il est la définition permanente de la relation qui existe, de par la nature, entre Dieu, le Christ, le *pneuma* et les hommes, pour le présent et pour l'éternité (voir 1 Jn 4,16) » (Klauck 98).

Quelle que soit la façon dont on répond à cette question théologique, ce qui est essentiel, c'est que l'amour est pour Paul ce qu'il y a de plus élevé et qu'en dernier ressort il parachève aussi la foi et l'espérance. Actuellement, en ce temps-ci, ces trois vertus vont ensemble : la foi, l'espérance et l'amour. Dans la mort, elles deviennent une dans l'amour qui nous unit pour toujours à Dieu, le fondement de tout amour, qui de par sa nature est amour. Alors tout sera amour et nous serons dans l'amour.

J'ai essayé d'expliquer les affirmations les plus importantes de ce merveilleux chant sur l'amour et de les traduire dans notre propre vie. Mais en dépit de tous nos efforts pour l'interpréter, nous devons sans cesse reconnaître que ce texte nous paraît souvent étranger. Il garde son mystère pour lui-même. Il ne se laisse pas déchiffrer complètement. Mais c'est précisément le mystère de ces paroles qui nous incite à toujours les méditer à nouveau et nous plonger en elles. Nous n'en avons jamais fini avec ce texte. C'est Dieu lui-même qui, en dernière analyse, s'adresse à nous par les paroles que Paul a écrites à la communauté de Corinthe. L'apôtre a rédigé ces versets en se rattachant à la philosophie grecque et à la théologie juive ; en même temps, ce texte est également porté par sa propre expérience touchant l'amour de Dieu. Ce n'est pas le genre de paroles que l'on énonce d'habitude. Elles sont coulées dans un moule merveilleux. Et elles demandent à être méditées sans cesse et interprétées en ayant en vue notre propre expérience concrète de ce qu'est l'amour. Alors ces paroles ouvrent notre regard sur l'amour que nous rencontrons dans la vie. Et notre expérience de l'amour nous fait découvrir le sens de ces paroles.

Dans ce qui suit, je voudrais également éclairer de plus près le chapitre 13 de la *Première Épître aux Corinthiens* en me plaçant dans d'autres perspectives. Je commence par l'Hymne à l'Amour (le Cantique des cantiques) qui nous est offert par l'Ancien Testament. Puis, je jette encore un regard sur la philosophie, sur la psychologie, ainsi que sur l'expérience acquise dans le domaine de la consultation matrimoniale, en relation avec ce texte.

Le Cantique des cantiques dans l'Ancien Testament

Alors que Paul exalte l'*agapè* comme étant l'amour que Dieu a offert aux humains en tant que don de la grâce, les chants qui composent le Cantique des cantiques de l'Ancien Testament se réfèrent sans ambiguïté à l'amour entre l'homme et la femme ; et pas seulement à l'amour entre la fiancée et le fiancé, mais encore à l'amour libre entre l'ami et l'amie. Le Cantique des cantiques est un recueil de chants d'amour. C'est une œuvre poétique, pleine d'art. On y trouve des chants de séduction taquins où le fiancé engage la fiancée à le suivre. Il y a aussi des chants dans lesquels l'ami vante la beauté de l'amie, ou dans lesquels l'amie décrit le corps beau et vigoureux de l'ami. Il y a encore des conversations alternées et des chants pleins d'adjurations et de désirs. Tous ces versets expriment le fait que l'amour érotique et sexuel entre l'homme et la femme constitue une force très puissante et en même temps un don merveilleux que Dieu a offert aux êtres humains et dont ceux-ci peuvent jouir pleinement. L'amour entre l'homme et la femme a son sens en lui-même. Il remplit ceux qui s'aiment de désir et de bonheur. Ces chants sont exempts de toute appréciation morale, voire de toute moralisation anxieuse de la sexualité. L'amour et la sexualité sont ici associés intimement. La joie de la sexualité est en même temps l'expression de l'amour qui enchante l'homme et la femme.

Lorsque nous écoutons ces poèmes merveilleux, ils déclenchent en nous le désir de l'amour. Nous sentons l'amour en nous-mêmes lorsque la fiancée dit : « N'éveillez pas, ne réveillez pas mon amour avant son bon vouloir » (Ct 2,7). Ou lorsque le fiancé dit : « Debout, toi, ma compagne, ma belle, et viens-t'en. Car voici que l'hiver passe ; la pluie cesse, elle s'en va ! On voit des fleurs dans le pays ; le temps de la chanson arrive » (Ct 2,10-12). Ce sont des mots que les amoureux peuvent encore se dire de nos jours pour exprimer leur amour. Un homme ne peut guère formuler l'amour envers son épouse de façon plus belle que par ces paroles :

> « Tu me rends fou, ma sœur, ô fiancée, tu me rends fou par une seule de tes œillades, par un seul cercle de tes colliers. Que tes caresses sont belles, ma sœur, ô fiancée ! Que tes caresses sont meilleures que du vin et la senteur de tes parfums que tous les baumes » (Ct 4,9-10).

Et la fiancée ne peut guère trouver de mots plus appropriés pour dire son amour que « Je suis malade d'amour » (Ct 5,8). Ou encore : « Je suis à mon chéri et vers lui est mon élan. Viens, mon chéri, et sortons à la campagne, passons la nuit au village » (Ct 7,11-12). Une femme ne peut guère trouver de paroles plus belles pour exprimer son amour que ceux qui composent le chant de désir d'une jeune fille :

> « Mets-moi comme un sceau sur ton cœur, comme un sceau sur ton bras. Car fort comme la mort est amour, inflexible comme enfer est jalousie ; ses flammes sont des flammes ardentes : un coup de foudre sacré. Les grandes eaux ne peuvent éteindre l'amour et les fleuves ne le submergeraient pas. Si quelqu'un donnait tout l'avoir de sa maison en échange de l'amour, à coup sûr on le mépriserait » (Ct 8,6-7).

Lorsque je proposai à un pasteur évangélique de méditer les chants d'amour du Cantique des cantiques afin qu'il considère son propre couple à la lumière de ces chants, il m'avoua que jamais encore dans sa vie il ne les avait rapportés à son propre amour envers son épouse. La méditation lui fit du bien. Elle lui permit d'exprimer la profondeur de sa propre expérience par des mots plus beaux que tous ceux qu'il aurait pu trouver par lui-même. Bien des amoureux ont recours à ces mots pour confesser leur amour. Et ils sont souvent enchantés par ces images merveilleusement tendres par lesquelles la Bible décrit l'amour entre l'homme et la femme.

Ces chants ne se bornent pas à exalter l'amour de manière exubérante. Ils évoquent aussi les risques de l'amour. Ils sont réalistes. Ils connaissent les dangers de l'amour entre l'ami et l'amie, entre l'époux et l'épouse. Il y est dit : « Saisissez-nous les renards, les petits renards qui ravagent les vignes, alors que notre vigne est en bouton » (Ct 2,15). Le mot « renards » est utilisé en Égypte pour désigner les amants de moindre qualité, les coureurs de jupons. Il convient de protéger l'amour contre eux. Toutefois, les petits renards qui ravagent les vignes et sapent leurs clôtures sont aussi un symbole pour les sentiments de jalousie, de frustration, de désir de domination, qui mettent l'amour en péril. À chaque fois que des déceptions ou des offenses ne sont pas perçues et sont « avalées », elles deviennent autant de renards qui détériorent la vigne de l'amour. Ce sont de petits renards. Au début, on ne les remarque même pas. Mais lorsque les amants ne font pas attention, lorsqu'ils ne parlent pas de leurs sentiments, la vigne de l'amour se trouve tout d'un coup dévastée. Ses murs ne portent plus. Tout, dans l'amour du couple, a été sapé par les petits renards.

Une autre image des dangers qui menacent l'amour est fournie par les bergers impertinents qui répondent à la jeune fille cherchant son amant (voir Ct 1,8). Pour Lorenz Wachinger, ces bergers impertinents représentent un symbole menaçant qui pèse sur l'amour du fait « de la jalousie, de l'envie et de la joie maligne de tiers » (Wachinger, *Ehe* 164). Les amants doivent veiller sur leur amour. Sinon, d'autres se glissent entre eux et tentent de les séparer. Une personne de ma connaissance me dit quelque chose de négatif sur mon amie ou mon épouse. Même si je m'en défends, ses mots me rongent. Et subitement je vois mon amie à travers les lunettes négatives de l'autre. Les paroles de tierces personnes peuvent détruire l'amour.

Il y a encore un autre aspect négatif de l'amour qui est abordé : les sentiments de la fiancée et du fiancé ne sont pas toujours simultanés ; bien souvent, ils sont déphasés l'un par rapport à l'autre. La fiancée ouvre la porte pour l'homme qu'elle aime. Elle voudrait le faire entrer.

« Mais mon chéri s'est détourné, il a passé. Hors de moi je sors à sa suite; je le cherche, mais ne le rencontre pas; je l'appelle, mais il ne me répond pas. Ils me rencontrent, les gardes qui font le tour de la ville; ils me frappent, ils me blessent; ils enlèvent de dessus moi ma houppelande, les gardes des remparts » (Ct 5,6-7).

Juste au moment où la femme a besoin de l'amour de l'homme, il n'est pas là. Lorsque sa présence lui est nécessaire, il est intérieurement absent. Lorsqu'elle veut lui parler, il n'en a pas envie, parce qu'il est encore occupé par son propre travail. Et lorsqu'elle le cherche, elle tombe sur les gardes de la ville. Le poète veut parler ici des gardes qui patrouillent la nuit à travers la ville afin d'assurer le calme et l'ordre. Ils traitent assez brutalement la femme malade d'amour. Mais si nous transposons cela dans notre vie, les gardes peuvent être un symbole des critères intérieurs qui nous barrent sans cesse le chemin lorsque nous nous adonnons à l'amour. Ce sont les critères de parents qui se font sentir en nous, critères qui ne concordent pas avec notre amour. Nous ne savons pas si notre amour et justifié ou non, si nous pouvons nous y adonner ou si nous devons le limiter suivant les normes qui s'expriment en notre for intérieur. Bien souvent, ces normes intériorisées ignorent l'amour. Elles n'ont aucun égard pour notre aspiration à l'amour; elles nous classent dans un système qui entrave notre amour.

Les chants d'amour ne sont pas simplement des descriptions de l'amour entre l'homme et la femme. Ils sont pleins d'images. Ces images sont puisées dans les chants d'amour d'Égypte, de Syrie, de Mésopotamie et de Palestine. Ils utilisent, pour la description de la fiancée, des attributs des déesses de l'amour du Proche-Orient. Lorsque son cou est décrit comme une tour, cela ne décrit pas seulement la forme apparente du cou. Cela signifie plutôt qu'elle est inexpugnable. Ou encore lorsqu'elle est décrite comme un jardin fermé, comme une source scellée, cela veut dire qu'elle est hors d'atteinte. D'un côté s'exprime ici un mystère de la relation entre l'homme et la femme, à savoir le fait que l'homme ne peut pas simplement conquérir la femme, mais qu'il doit s'approcher d'elle prudemment. D'un autre côté, la femme est dotée ici d'attributs quasi divins: elle est décrite comme une déesse de l'amour.

Le langage métaphorique inhérent à ces chants a fait que déjà les juifs ont donné à ce texte une interprétation métaphorique : pour eux, ce cantique est une métaphore de l'amour entre Yahvé et Israël. Il y avait parmi les juifs un désaccord sur la question de savoir s'il fallait ou non admettre ce livre dans le canon biblique. Il provient probablement des cercles de sagesse et est apparuvers l'an 300 avant Jésus-Christ. De prime abord, c'était sans doute un hymne célébrant l'amour érotique et sexuel entre l'homme et la femme. Mais probablement déjà vers l'an 100 les juifs ont été choqués par ce point de vue purement humain et ont voulu comprendre ce cantique comme la description de l'amour entre Dieu et son peuple. De cette manière, ils l'ont admis dans le canon biblique et l'ont utilisé comme rouleau de fête pour la Pâque. Ainsi, il a été hautement apprécié. Rabbi Akiba dit à propos de ce texte : « Aucune époque ne peut se comparer au jour où Israël a reçu le cantique des Cantiques; certes, tous les écrits (du canon) sont sacrés, mais ce cantique est le plus sacré de tous » (Lapide 24). Pin'has de Lapide cite six manières différentes dont les juifs ont – également sous l'influence de la philosophie grecque – interprété le Cantique des cantiques:

1. comme chant de mariage entre deux êtres à qui l'amour donne des ailes;

2. comme chant exprimant une aspiration de l'âme qui veut monter vers Dieu;

3. comme chant d'amour d'Israël dont l'amour est orienté vers Dieu;

4. comme parabole de toute division sur terre, qui cherche sa guérison dans l'union;

5. comme dialogue entre le corps et l'âme qui recherchent le chemin d'une synthèse parfaite;

6. comme chant messianique du rédempteur et de sa communauté du salut (Lapide 23).

L'Église a interprété le Cantique des cantiques déjà depuis Origène – donc peu après l'an 200 de l'ère chrétienne – de manière allégorique en tant que description de l'amour entre le Christ et l'Église et entre le Christ et l'âme individuelle. À la suite d'Origène, de nombreux Pères de l'Église et auteurs ecclésiastiques – depuis Grégoire le Grand jusqu'à Bernard de Clairvaux – ont interprété ce cantique de manière mystique, à savoir comme description de l'union mystique entre Dieu et l'âme humaine. Au Moyen Âge prit naissance encore une autre interprétation: on a perçu dans ces chants une référence à Marie, plus précisément on y a vu une description de l'amour entre

Marie et son fils Jésus. Cette interprétation a été assumée dès lors principalement par la liturgie.

Encore aujourd'hui, aux fêtes de Notre-Dame, on lit fréquemment des textes du cantique des Cantiques ou encore on les utilise dans les chants.

Certes, l'interprétation allégorique peut quelquefois avoir été motivée en partie par la crainte qu'inspirait la dimension érotique de ces chants ; pour moi, néanmoins, cette interprétation met en lumière quelque chose d'essentiel concernant le mystère de l'amour. Entre l'homme et la femme, l'amour a une dimension de profondeur que la description purement psychologique ne suffit pas à analyser. Dans l'amour érotique et sexuel entre l'homme et la femme, l'intuition d'une union avec le fondement de l'existence tient toujours une certaine place. En définitive, l'amour entre l'homme et la femme contient toujours également – comme l'affirme le conseiller conjugal Hans Jellouschek – un potentiel de transcendance. Il est ouvert à un sentiment qui est plus grand que ceux qui s'aiment. Il est ouvert à l'amour divin.

Les Pères de l'Église qui ont interprété le Cantique des cantiques de manière allégorique ont vu les images érotiques comme étant la description la plus pertinente de notre relation avec Dieu. Pour eux, l'amour était toujours aussi ouvert à Dieu. À propos du mystique espagnol Jean de la Croix, on raconte que, sur son lit de mort, il se faisait lire ce cantique. Plutôt que d'écouter des psaumes pénitentiaux, il préférait entendre la merveilleuse poésie lyrique et érotique de ces chants. Pour lui, c'était là la description la plus pertinente de ce qui l'attendait après la mort. Il espérait en effet qu'après la mort il deviendrait un avec Jésus-Christ, et que cette union allait satisfaire son aspiration à l'amour, telle qu'elle s'exprime dans les chants du Cantique des cantiques.

Il faut souligner qu'Origène et Jean de la Croix connaissaient bien l'un et l'autre la signification textuelle du cantique. Jean a vu simultanément l'une et l'autre interprétation. Il n'a pas négligé l'érotisme de ces chants, mais il l'a médité, et en le méditant il a senti en même temps le mystère de l'amour envers Dieu. En fait, il existe pour cela deux voies : les uns, qui vivent physiquement l'amour sexuel entre l'homme et la femme sentent, dans l'expérience de cet amour, l'ouverture pour le mystère de l'amour divin. Dans l'union avec l'autre, ils découvrent en même temps l'union avec le monde entier et en définitive également avec Dieu qui est le fondement de l'univers. Et il y a aussi la voie du célibat qui consiste à renoncer à l'amour physique afin de diriger vers Dieu la dimension érotique inhérente à tout amour et l'aspiration cachée dans la sexualité. Les deux voies sont possibles. Dans l'une et l'autre voies, on ne peut pas échapper à l'érotisme, à la sexualité et à ce qu'il y a de physique dans l'amour. Mais dans les deux voies, il s'agit aussi de voir l'aspect physique de l'amour comme un symbole de son aspect spirituel et d'aimer, avec le désir de tout notre corps, Dieu qui peut seul satisfaire pour toujours notre plus profonde aspiration à l'amour. Cependant, même l'amour envers Dieu a besoin de la sensualité et de l'extase, telles qu'elles résonnent dans ces chants merveilleux.

Saint Paul décrit la puissance de l'amour dont Dieu a fait don à l'homme à travers l'Esprit Saint. Il s'exprime dans l'amour entre l'homme et la femme, entre amis, ainsi que sous la forme de l'amour du prochain, de l'amour de soi-même et de l'amour envers Dieu. Le Cantique des cantiques de l'Ancien Testament prend un autre chemin. Il part de l'amour sexuel entre l'homme et la femme, et il l'ouvre pour l'amour envers Dieu et pour l'amour qui a été donné à l'homme par Dieu et qui est le fondement de toute la Création. Si nous considérons les affirmations de Paul à la lumière des chants d'amour de l'Ancien Testament, il est parfaitement légitime de les appliquer aussi à l'amour entre l'homme et la femme. Cet amour-là est un lieu où l'on peut faire l'expérience du don de grâce de l'amour que Dieu nous a fait en la personne de Jésus-Christ. Ce qui est important toutefois, c'est que – quel que soit notre point de départ – nous ouvrions chaque expérience de l'amour également à l'amour divin qui est aussi le fondement de l'amour sexuel.

L'Hymne à l'Amour et la philosophie

Lorsque nous plaçons l'Hymne à l'Amour, que Paul a chanté dans sa *Première Lettre aux Corinthiens*, dans un cadre de référence philosophique et qu'ensuite nous le regardons à nouveau, certaines phrases de l'apôtre apparaissent sous une lumière nouvelle. Nous quittons alors le débat interne à la théologie que mènent la plupart des experts, et nous regardons plus profondément à l'intérieur du mystère de l'amour. Paul connaissait la philosophie grecque. Platon, le plus grand des philosophes grecs et en définitive le seul dont se nourrit la philosophie en général, s'est exprimé en détail au sujet de l'amour, plus précisément sur l'*eros*. Dans son *Phaidros*, il fait tenir cinq grands discours sur l'*eros* par cinq hommes différents. Dans ces discours se reflète la diversité de l'amour. On ne peut pas considérer la diversité de l'amour en se plaçant d'un point de vue unique. Dans l'un des discours, *eros* est exalté comme étant le plus ancien de tous les dieux. L'*eros* est bon, et il est la cause de tout ce qui est bon dans le monde. Dans le troisième discours, Eryximachos voit l'*eros* quasiment comme une force cosmique. L'*eros* ne se rapporte pas seulement à l'amour entre l'homme et la femme, mais il pénètre toute la nature animée et inanimée, et crée l'harmonie en toutes choses. L'amour est la loi de l'existence. Il rassemble tout et il voudrait réconcilier, harmoniser toutes les contradictions de la vie, que ce soit dans la nature animée ou inanimée, dans l'économie, dans l'art ou dans la gymnastique.

Aristophane voit dans l'amour la structure de l'existence de l'être humain. Il raconte le mythe suivant lequel à l'origine l'homme et la femme formaient ensemble un être unique en forme de sphère. Comme Zeus craignait que ces êtres surhumains puissent devenir dangereux pour les dieux, il les fit couper en deux. C'est de là que naquit l'*eros* en tant que désir de l'une des moitiés pour l'autre moitié qui lui était associée à l'origine. Platon interprète dès lors le mythe en ce sens que l'amour fait partir, dès l'origine, de l'être humain. « S'il rencontre son autre moitié originelle dans un amour heureux, il rencontre son propre Moi et l'affirme » (Hirschberger 34). L'amour entraîne donc l'homme vers son véritable moi.

Ce que Platon lui-même pense de l'*eros*, il le développe dans le discours qu'il attribue à Socrate. Pour celui-ci, l'*eros* n'est pas un dieu, mais un être intermédiaire entre Dieu et homme. L'amour veut mettre l'être humain en contact avec le bien. Et l'*eros* est la force qui crée ce qui est beau. Les hommes portent grâce à l'*eros* une force de création en eux-mêmes, aussi bien dans le corps que dans l'âme. La force de création du corps s'unit au corps de la femme et crée ainsi sans cesse du nouveau. Ainsi, l'homme mortel a sa part dans l'immortalité. L'âme de son côté crée la connaissance et les valeurs spirituelles. Ce qui compte pour les poètes, artistes et philosophes, ce n'est plus seulement la beauté des corps individuels, mais la vision de la beauté en soi. L'amour remonte, depuis l'aspect concret des beaux corps, jusqu'à la beauté originelle qui est à la base de toutes choses. Le plus grand bonheur de l'homme consiste à voir cette beauté originelle. Et lorsque l'homme, à travers l'amour, voit la beauté en soi, la vraie vertu prend également naissance. » Dès lors, si l'on crée la vraie vertu et qu'on la laisse se développer, il est donné à l'homme de devenir un être aimé des dieux et participant à l'immortalité si tant est qu'un être humain puisse y avoir part. » L'amour est pour Platon la clef du sens de la vie et de l'origine du monde. L'homme connaît déjà, dans son âme, la puissance de l'amour avant d'en avoir fait l'expérience. Il se trouve quasiment prêt dans l'homme en tant que force originelle.

Lorsque nous comparons ces pensées de Platon à l'Hymne à l'Amour de Paul, nous reconnaissons que chez Paul il s'agit bien entendu aussi du comportement concret de l'amour, mais qu'il comprend l'amour comme une force qui vient de Dieu, voire qui est elle-même divine ; par l'amour, l'être humain prend part à Dieu. En outre, Paul voudrait, par cet hymne, s'adresser à l'intuition fondamentale de l'amour que chaque humain porte dans son âme, afin que par ses paroles elle soit éveillée au fond de l'âme. Cet éveil de l'amour doit mener à ce que l'être humain, dès lors, vive aussi conformément à sa vraie nature.

Cependant, Paul – contrairement aux philosophes grecs – ne voit pas l'amour comme simplement fondé sur la nature de l'homme. Pour lui, l'amour est en même temps et surtout un don de Dieu. Il est déversé dans notre cœur par l'Esprit Saint. Et cet amour, qui est en nous, doit maintenant aussi s'exprimer concrètement : l'amour, en tant que fondement de toute existence, se manifeste dans l'amour entre l'homme et la femme, dans l'amour envers nous-mêmes, dans l'amour du prochain, dans l'amour que Dieu nous témoigne et dans notre amour envers Dieu. En faisant l'expérience de ces différents modes d'amour et en nous y exerçant, nous participons au fond de l'amour, nous parvenons à notre propre moi et nous acquérons l'intuition de Dieu en tant que source de tout amour.

Plotin, le plus grand philosophe platonicien, a cherché, deux cents ans après Paul, à étendre les idées de Platon. Selon lui, l'*eros* s'enflamme en nous lorsque nous voyons ce qui est beau. La beauté absolue s'aime elle-même. Dieu est en soi l'amour dans sa pure splendeur. Dans l'amour, les amants se rencontrent en quelque sorte en Dieu. « Non parce qu'en eux-mêmes ils seraient divins, mais parce que de par leur origine ils participent au divin, comme la copie participe à l'original» (Hirschberger 42). L'étincelle divine de l'amour se trouve dans chaque amour humain, même s'il est purement sexuel et même s'il s'accompagne de prétentions à la possession et d'avidité. Ce qui est important, c'est que cette étincelle divine de l'amour soit enflammée toujours à nouveau dans nos manières concrètes d'aimer. Notre expérience de l'amour est parfois enchanteresse. Nous avons alors l'impression que par l'amour nous pénétrons en Dieu, que l'amour nous divinise. Mais ensuite nous devons aussi sans cesse nous rendre compte douloureusement que l'amour nous blesse, qu'il s'écoule entre nos doigts ou qu'il s'accompagne d'autres sentiments tels que l'agressivité, la volonté de tout contrôler, le besoin de s'accrocher, voire des sentiments de haine et des désirs de vengeance. Même dans ces déformations de l'amour, l'étincelle divine de l'amour originel est toujours présente.

Lorsque nous considérons les affirmations de Paul et, à l'arrière-plan de celles-ci, les idées de Platon et de Plotin, une chose devient évidente pour moi : Paul ne nous tient pas un discours moralisant suivant lequel nous devrions aimer et, ce faisant, ne jamais penser à nous-mêmes et à nos besoins. En fait, il nous décrit le mystère de l'amour divin qui nous a été accordé à travers l'Esprit Saint afin que, dans nos formes quotidiennes d'amour, nous découvrions cet amour divin comme étant le véritable fondement. Et lorsque nous découvrons, au travers de notre amour souvent modeste et pitoyable, ce fond divin de l'amour, notre vie acquiert une nouvelle qualité. Dès lors nous reconnaissons aussi dans la faiblesse de notre amour la force divine de l'amour qui excuse tout, qui croit tout, qui espère tout et qui endure tout. Johannes Hirschberger conclut ses réflexions sur l'*eros* de Platon par des paroles qui jettent également une nouvelle lumière sur les affirmations de Paul :

« Qu'est-ce donc que l'*eros* de Platon ? C'est cette étincelle divine en nous et dans l'univers. Il peut mener tout notre amour et toute notre volonté, à travers les désordres de la vie temporelle, vers un but éternel et animer le monde en tant que *desiderium collium aeternorum* (désir des collines éternelles) » (Hirschberger 45).

Dieu a immergé l'amour dans notre cœur. À travers cet amour, nous sommes en contact avec Dieu et nous participons, en plein milieu du monde, à l'amour éternel de Dieu. Et à travers l'amour, Dieu a inscrit dans notre cœur le désir qui ne nous laisse pas de repos jusqu'à ce qu'il trouve le repos en Dieu.

Les Pères de l'Église ont essayé de relier entre elles et de concilier la philosophie de l'amour avec les affirmations de saint Paul sur l'amour. Ils ne se lassaient pas de réfléchir sur le mystère de l'amour. Certaines de ces réflexions nous sont étrangères. Je voudrais seulement sélectionner une pensée de saint Augustin. Il se fonde sur l'idée que Dieu a placé l'amour dans l'âme humaine en tant que désir de lui-même. « J'appelle amour le mouvement de l'âme qui consiste à se réjouir de Dieu pour lui-même. » Augustin voit l'amour comme une maison que nous pouvons habiter, mais aussi comme une force qui nous habite : *habite ed inhabitaberis, mane ed manebitur in te* [« Habite dans l'amour et tu découvriras que tu es habité, demeure dans l'amour et tu trouveras que quelque chose demeure en toi » (Welte 23 ss)].

Dans la dureté et le prosaïsme de notre monde, l'amour est comme un miracle. Et il ne connaît pas le temps. Il est « comme un moment intemporel et éternel, comme un regard de l'éternité, même si en apparence il est enfermé dans les limites du temps fini » (Welte 25). Augustin a résumé ce mystère de l'amour par les paroles merveilleuses : *Quo nisi deo plenus est qui plenus est dilectione*? [« De quoi, si ce n'est de Dieu, est rempli celui qui est rempli d'amour? » (Welte 25)] Ainsi, l'amour ne relie pas seulement le Je et le Tu, mais en définitive l'homme et Dieu. Dans l'amour, il est possible de faire l'expérience « de l'accord avec l'univers entier et de l'accord de la vie terrestre et de la vie supraterrestre et divine » (Welte 26).

Le théologien et philosophe Bernhard Welte a développé encore davantage, dans sa philosophie de l'amour, ces pensées de saint Augustin. Pour lui, l'amour est provoqué en moi par ce qui est digne d'être aimé et qui se trouve dans le Tu lui-même. Dans l'amour, ce qui est digne d'être aimé dans le Tu devient visible. Cela se met à briller dans l'amour et devient apparent. Ce qui vaut d'être aimé est toujours aussi la beauté et la bonté qui est dans l'autre et qui se fait jour dans l'amour. Ce n'est pas notre idéal de beauté, mais c'est « cette beauté en vertu de laquelle l'œil de l'être aimé est beau pour celui qui aime, parce que le Tu aimé rayonne physiquement à partir de cet œil » (Welte 30). Nous savons, bien entendu, que l'autre n'est pas exclusivement bon. Mais dans l'amour, c'est la bonté qui apparaît en lui. Nous ne pouvons pas aimer, dans l'autre, le manque de bonté. Cependant, « l'amour permet de déceler les possibilités et les espérances dissimulées et cachées derrière un Tu même très obscurci » (Welte 35 ss).

Cet amour que Dieu a placé dans notre cœur s'exprime dans chaque expérience humaine de l'amour. Cependant, il est en même temps le fondement de tout amour entre humains. Lorsque nous cherchons à déceler l'expérience qui se trouve derrière cette affirmation, nous en arrivons de nouveau à ce qu'a dit saint Paul : dans toutes les expériences humaines de l'amour, que ce soit un amour fait de désir, un amour amical ou un amour pur, le fondement le plus profond de l'amour, à savoir l'amour dont Dieu nous fait don, est lui aussi présent. Cet amour-là est immergé non seulement dans le cœur humain, mais dans l'univers. L'amour est en quelque sorte le principe de structure de toute existence. Dieu a placé l'amour dans la création. Ainsi, l'amour peut venir à notre rencontre également dans la création. Pour beaucoup de gens, cela est devenu une expérience importante. Ils ont l'impression que dans la nature ils ressentent quelque chose qui relève de l'amour de Dieu. C'est un amour qui n'évalue pas, mais qui les laisse être ce qu'ils sont sans condition, et un amour qui les imprègne de vie et de tendresse.

Paul Tillich a essayé, en tant que théologien évangélique, d'intégrer dans la théologie les affirmations philosophiques et psychologiques concernant l'amour. Pour lui, l'amour est la « tendance à la réunification de ce qui a été séparé », le « désir d'unité du séparé ». Lui aussi considère que l'amour est le fondement de toute existence. Dieu n'a pas seulement créé l'existence par amour, il l'a aussi imprégnée d'amour. Paul Tillich distingue lui aussi les différentes formes d'amour. À l'*eros*, la *philia* et l'*agapè*, il ajoute encore la *libido*, reprenant le concept de l'amour introduit par Sigmund Freud. Toutefois, il n'entend pas la libido en premier lieu comme une aspiration au plaisir, mais plutôt « comme une aspiration à combler un manque, comme une tendance naturelle "à une auto réalisation vitale" » (cité d'après Meckenstock 168). Dès lors, Tillich pense que, dans toutes les formes d'amour, l'*agapè* est présente. L'*agapè* est, selon lui, la dimension de profondeur de l'amour.

Toutes ces tentatives philosophiques en vue de comprendre le mystère de l'amour tendent à nous rendre sensibles à ce que Paul décrit dans l'Hymne à l'Amour. Dans toutes les formes concrètes de notre amour souvent si fragiles, l'amour divin est présent. Ainsi, l'expérience de l'amour entre l'homme et la femme, entre deux amis, entre les parents et les enfants, ainsi que l'expérience de l'amour dans la nature, la musique et la poésie, est toujours partie intégrante de l'expérience mystique de l'amour en général. Tout amour nous renvoie à la puissance de l'amour qui est en nous, que Dieu a immergé dans notre cœur avec la création et que maintenant, à travers l'Esprit Saint, il a donné aux chrétiens d'une nouvelle manière en tant que don de la grâce. C'est pourquoi Paul veut nous amener à aller sans cesse au fond des choses dans toutes les expériences que nous faisons avec l'amour, et à prendre conscience avec gratitude du fait que Dieu lui-même a envoyé son amour dans notre cœur. Cet amour-là, personne ne peut nous le prendre. Il ne peut pas non plus être détruit par des expériences décevantes ou blessantes de l'amour humain. Car en dernier ressort c'est un amour divin, un amour qui vise à nous induire à l'union mystique avec Dieu.

L’Hymne à l’Amour et la psychologie

Il y a quelque temps, j’ai été invité à un congrès de thérapeutes pour y prononcer une conférence sur l’amour. Le congrès avait pour sujet : « L’amour guérit, l’amour rend malade. » Si nous regardons le chapitre 13 de la *Première Lettre aux Corinthiens* d’un point de vue psychologique, nous devons toujours penser à cette tension interne qui existe dans l’amour. Le point de vue psychologique nous préserve de la tendance à parler de l’amour d’une manière exagérément romantique ou idéaliste. L’amour possède cette force enchanteresse et transformatrice dont Paul parle. Fréquemment, toutefois, il se manifeste aussi auprès de nous comme une force qui nous rend malades et qui nous rend aveugles vis-à-vis de notre propre réalité. En effet, ce n’est pas seulement un manque d’amour qui nous rend malades, mais un excès d’amour peut également nous faire du mal.

Formes d’amour qui rendent malade

En psychologie, on connaît la force curative de l’amour, mais également des formes d’amour qui rendent malade. L’enfant a besoin de l’amour de la mère et du père pour grandir sainement et pour devenir plus tard lui-même apte à aimer. Il reçoit l'amour des parents. Mais déjà il y a là une différence entre l'amour que l'enfant reçoit et celui qu'il attend. Nous avons en nous un besoin infini d'être aimés. Et souvent, nous ne sommes pas tout à fait satisfaits de l'amour que les parents nous ont donné. Ils ont donné ce qu'ils pouvaient. Mais ils ne pouvaient pas donner ce que nous attendions.

Et bien souvent l'amour des parents est accompagné d'autres motivations. Ils aiment les enfants pour compenser par leur amour le manque d'amour qu'ils ont connu lorsqu'eux-mêmes étaient enfants. Dans ce cas, leur amour n'est pas exempt d'égoïsme ; il comporte des intentions secondaires. Souvent, les parents veulent attacher l'enfant à eux-mêmes. Ou encore, c'est un amour symbiotique qui prend naissance : mère et fille, mère et fils, père et fille ou père et fils se soudent entre eux dans l'amour. Cela empêche bien souvent le fils ou la fille de prendre son propre chemin. Ils ont fait l'expérience d'un amour qui les lie trop fortement et qui les rend eux-mêmes inaptes à aimer. Il leur est difficile de satisfaire à l'exhortation de Jésus les invitant à quitter père et mère pour s'attacher à l'épouse ou au mari et devenir une seule chair avec lui. L'aptitude à aimer est par trop entravée par la symbiose avec leurs parents.

L'amour rend malade lorsqu'il découle d'une trop grande indigence. Je rencontre sans cesse des gens qui ont à ce point besoin d'amour qu'ils sont aveugles vis-à-vis de l'amour authentique. Dès que quelqu'un se tourne vers eux, ils s'accrochent à lui. Ils saisissent n'importe quel brin de paille. Dès lors, ils confondent souvent « aimer » et « être ensemble ». De crainte d'être seuls, ils aiment quiconque fait preuve d'amitié à leur égard. Dès lors, ils ne remarquent même pas qu'ils sont exploités. Ils se plaignent de ne pas avoir de chance avec l'amour. Toute relation finit par se désagréger. Mais ils ne se rendent même pas compte que ce n'est pas seulement la faute de l'autre qui ne les aime pas assez, mais que cela est dû à leur propre aveuglement. Ils s'accrochent si fortement à l'autre qu'à un moment donné celui-ci se sent à l'étroit et va se libérer de cette étreinte. Ils se consument de désir d'un être qui les aime sans condition; et ils ne rencontrent toujours qu'un amour fragile et limité. À chaque fois ils exigent trop de celui qui les aime parce qu'ils attendent de lui qu'il les guérisse de leur indigence. Mais lorsque l'indigence est trop grande, chacun prend peur, à un moment ou à un autre, devant ce trou sans fond qu'aucun amour ne peut combler.

Les gens qui attendent trop de l'amour de l'autre sont souvent incapables de s'aimer eux-mêmes. Ils ne peuvent pas supporter d'être seuls avec eux-mêmes. Ils ne vivent leur propre vie qu'à condition que quelqu'un d'autre les aime. Dès lors, ils exigent trop de l'amour de l'autre. Bien souvent, cela donne lieu à un cercle vicieux : parce que je n'ai pas été suffisamment aimé, je ne peux pas m'aimer moi-même. Ainsi j'attends trop de l'amour de l'autre et, ce faisant, je le détruis. Mais à un moment donné, je dois sortir du cercle vicieux en regrettant douloureusement le manque d'amour. Dès lors, ce regret me met en contact avec l'amour qui est en moi. Et je dois me décider à m'affirmer moi-même et à m'aimer moi-même dans mon état pitoyable.

L'amour sain de moi-même confère aussi la dimension juste à mon aspiration à l'amour.

La force curative de l'amour

Le constat selon lequel l'amour guérit et rend malade à la fois ne vaut pas seulement pour l'amour entre l'homme et la femme, ainsi que pour l'amour entre amis et amies, mais encore pour l'amour que voue un thérapeute, un accompagnant spirituel ou un médecin à son malade. L'amour est apte à guérir. Il se place au-dessus de toutes les méthodes qui contribuent à la guérison. Ce qui est déterminant, c'est que le (ou la) thérapeute aborde le patient avec amour et bienveillance. De nos jours, nous parlons plutôt d'empathie, de disponibilité à se mettre à la place de l'autre et à partager ses sentiments.

Mais si grande que soit notre empathie, nous devons savoir que notre amour a ses limites. Seul l'amour de Dieu est illimité. C'est pourquoi, en tant qu'accompagnants spirituels et thérapeutes, nous ne devons pas trop exiger de nous-mêmes. Nous ne devons pas nous imaginer que la guérison de l'autre dépend seulement de notre amour. Il faut que celui-ci trouve sa résonance dans l'autre. Et cela fait partie de notre humilité thérapeutique de reconnaître que nous ne sommes pas capables d'aimer sans bornes comme Dieu, mais toujours seulement dans les limites qui nous ont été assignées. Et cela est tout simplement insuffisant pour certains patients dont les besoins d'amour sont infinis. Il est certes douloureux de s'avouer cela. Mais par ailleurs cela nous procure aussi un soulagement qui nous évite d'avoir mauvaise conscience dans le cas où notre tentative de guérison échoue.

Que l'amour arrive à transformer un être, c'est une chose dont parlent déjà les contes pour enfants. Là, un homme qui a été transformé en pierre redevient vivant grâce à l'amour d'une autre personne. Dans le conte « Les six cygnes », une femme tisse, en silence et pleine d'amour, des chemises pour ses six frères qu'une sorcière a transformés en cygnes. Lorsque, en raison de son silence, elle est mise sur un bûcher, les six cygnes volent au-dessus d'elle. Elle leur lance les chemises imprégnées de son amour et ils redeviennent des êtres humains qui vont fêter ensemble la victoire de l'amour sur toute méchanceté.

Dostoïevski a décrit de façon merveilleuse, dans son roman *Crime et châtiment* la manière dont Sonia transforme Raskolnikov, l'assassin, par son amour. L'auteur a placé, en tête de son roman, l'histoire de la résurrection de Lazare. Sonia, par son amour, amène l'assassin, qui s'était enseveli sous la pierre de son idéologie et de sa haine, retrouve la vie. Chacun de nous a déjà fait une expérience de ce genre, à savoir que l'amour d'une autre personne éveille à la vie ce qui est pétrifié et mort en nous. Lorsqu'une enfant innocente comme Sonia sourit à un vieil homme rongé de chagrin, il ne peut guère faire autre chose que lui sourire à son tour. L'amour limpide et innocent d'une enfant provoque aussi de l'amour en lui. Mais le fait que Sonia n'était pas effrayée par l'excessive détresse de l'assassin qu'était Raskolnikov montre que son amour avait encore un autre fondement. Elle lit à son compagnon le texte de l'Évangile relatif à la résurrection de Lazare. Elle participe elle-même à l'amour de Jésus-Christ qui réveille les morts par son amour et qui rayonne un amour capable de pénétrer à travers la pierre et le cœur pétrifié et à attirer l'amour qui sommeille, dissimulé, à l'arrière-plan.

Dans chaque être il y a le désir d'aimer et d'être aimé. L'homme ne devient homme que lorsqu'il fait l'expérience de l'amour et qu'il est capable de donner de l'amour. En même temps, beaucoup de gens apprennent qu'ils ont été trop peu aimés. Ils deviennent malades par manque d'amour. Parce que dans leur enfance ils n'ont pas été aimés pour eux-mêmes et qu'ils ont été utilisés pour les besoins de leurs parents, ils souffrent, une fois devenus adultes, de leurs blessures causées par le père et la mère. Ils ont besoin de l'expérience de l'amour parental pour guérir. Les parents eux-mêmes, bien souvent, ne sont plus en état de leur donner cet amour. C'est là qu'il y a besoin de l'accompagnant spirituel ou du thérapeute. Ils tiennent le rôle de « parents après coup ». À la personne devenue malade par manque d'amour, ils font don de l'amour curatif.

La force curative de l'amour spirituel

Toutefois, on peut se demander : ceux qui manquent d'amour ne peuvent-ils être guéris que par l'amour humain ? Ceux qui ne trouvent pas d'être aimant n'ont-ils aucune chance de guérison ? La guérison par l'amour d'autrui est certes la voie normale. Cependant, il y a aussi la voie spirituelle. Il existe des expériences spirituelles grâce auxquelles nous nous trouvons, d'un seul coup, un avec nous-mêmes. Nous

nous sentons alors imprégnés d'amour et entourés d'amour. Cette expérience spirituelle de l'amour de Dieu est apte à guérir nos blessures les plus profondes. Certes, là encore, il faut de l'humilité. En Dieu, nous nous sentons un avec nous-mêmes. Mais nous ne pouvons pas faire durer cette expérience. À l'instant suivant, nous sentons de nouveau notre déchirement intérieur, notre solitude, notre manque d'amour. Dès lors, il s'agit de regarder cela en face et d'admettre la douleur que cela nous cause, de porter en quelque sorte le deuil de ce manque d'amour.

Dans l'accompagnement spirituel, nous rencontrons sans cesse des personnes qui ne regardent pas leur manque d'amour et n'en portent pas le deuil. Elles se réfugient alors dans la spiritualité ou dans l'amour divin. Il m'est arrivé d'accompagner un homme qui ne déplorait pas son déficit d'amour maternel. Il parlait de ses extraordinaires expériences spirituelles. Mais ce faisant, il éloignait les gens de lui. Parce qu'il ne s'avouait pas qu'au fond il voulait être aimé, il voulait être admiré. Sa spiritualité ne guérissait pas vraiment sa blessure. Ce n'est que lorsque je m'avoue ma blessure et la déplore qu'elle peut se transformer. Et je parviendrai alors à travers la plaie jusqu'au fond des choses, où je pourrai avoir l'intuition de l'amour de Dieu et où je deviendrai un, d'une nouvelle manière, avec moi-même et avec Dieu.

Une autre manière de compenser le déficit d'amour par des expériences spirituelles consiste en ce que les Américains appellent *spiritual bypassing* (« raccourci spirituel »). Certaines personnes, au lieu d'affronter leur manque d'amour ou leur incapacité d'aimer, préfèrent dépasser aussitôt ce manque ou cette incapacité par des expériences spirituelles. Ils n'ont pas assez d'humilité pour regarder en face cette déficience, et préfèrent avaler les ouvrages d'auteurs mystiques. Ces ouvrages peuvent certes aider à éluder le manque d'amour et à chercher la voie vers Dieu. Mais il y a un risque, celui que je ne perçoive pas ma blessure ou mon incapacité d'aimer ou encore que je ne me l'avoue pas, et que je m'imagine que l'expérience mystique va guérir tous mes problèmes. Un psychologue m'a raconté que certains de ses patients, qui s'entichent exagérément d'une mystique de l'unité ne font ainsi que dépasser, d'un point de vue religieux, leur incapacité à nouer des relations. Ils ne regrettent pas leur incapacité sur le plan relationnel, et préfèrent s'enfuir vers quelque chose de plus élevé afin de se placer ainsi au-dessus des autres. Mais ce n'est pas là l'expérience de l'amour divin qui transforme. Cette expérience apparemment mystique ne fait que les entraîner vers un monde fictif jusqu'à ce qu'ils s'éveillent à la réalité, complètement désespérés, à un moment ou à un autre.

D'un autre côté, je rencontre, dans l'accompagnement spirituel, des gens qui se plaignent sans cesse du manque d'amour. Ils aspirent à trouver une personne avec laquelle ils puissent parler, qui les prennent dans ses bras et qui les aime. Mais je ne peux pas leur promettre qu'ils trouveront cette personne susceptible de satisfaire leur aspiration. Je ne voudrais pas leur enlever cette aspiration. Ils peuvent parfaitement continuer à chercher. Mais en même temps, je sens qu'en prenant cette attitude je leur ferai de fausses promesses. Car, étant donné leur indigence, ils se laisseraient piéger par le premier qui leur accorde un tant soit peu d'affection. Et bientôt le drame du manque d'amour et de la solitude recommencerait.

Il ne reste alors pour eux que la voie qui consiste à affronter leur propre solitude, à la regarder en face, et à parvenir, à travers la solitude et l'indigence, à la source de l'amour qui s'écoule dans leur propre cœur. En dépit de la solitude, il y a en nous cet amour qui nous permet de nous réchauffer. C'est l'amour en tant que puissance, don de la grâce et force divine dont parle Paul. Ce sont précisément nos expériences douloureuses de manque d'amour qui tendent à nous entraîner vers cet espace intérieur où cet amour divin se trouve en nous. C'est seulement lorsque nous nous tournons vers cette source d'amour infini, qui est en nous, que notre indigence peut en dernier ressort être guérie. Cette indigence fera sans cesse irruption en nous, la solitude nous fera mal. Mais cette douleur peut également nous ouvrir au fond de notre propre âme où s'écoule l'amour divin.

C'est par le rayonnement que nous nous rendons compte si l'expérience spirituelle de l'amour est authentique ou non. Quiconque fait cette expérience spirituelle de l'amour en parle de manière très circonspecte et prudente. Celui qui exalte l'amour de manière trop euphorique ressent certes l'aspiration à l'amour, mais la plupart du temps il n'a pas véritablement connu l'amour. Il en a certes eu la perception, mais il se réfugie dans des sentiments euphoriques pour échapper à la solitude. Son discours sur l'amour provoque en nous souvent une sensation ambiguë.

Nous lui souhaitons volontiers que ce qu'il dit soit vrai. Mais d'un autre côté nous avons le sentiment qu'en tenant ce discours il se leurre d'illusions.

Quiconque a fait l'expérience de l'amour dont parle Paul rayonne cet amour, mais non pas par un sourire permanent et amical, mais par un rayonnement de ses yeux, par un éclat de lumière qui traverse son visage marqué par la douleur. C'est un amour silencieux, mais un amour qui nous fait du bien. Nous sentons que nous sommes en face d'une personne qui a connu une douleur profonde causée par le manque d'amour, mais qui, à travers toutes les douleurs, est entrée en contact avec l'amour qui est en elle et qui est plus fort que tout amour humain.

Lieux pour l'expérience de l'amour

Nous faisons l'expérience de l'amour non seulement comme amour entre l'homme et la femme. Il existe de nombreux lieux où nous rencontrons l'amour. Pour de nombreuses personnes, le mariage est le lieu où ils font l'expérience la plus profonde de l'amour; pour d'autres, c'est l'amitié: amitié entre femmes ou entre hommes, ou encore l'amitié entre l'homme et la femme. Les chansons à la mode prétendent chanter le mystère de l'amour en parlant surtout de l'état de celui qui est amoureux. Mais les entretiens que j'ai eus avec de personnes m'ont montré qu'il existe à côté de cela de nombreux lieux permettant d'entrer en contact avec l'amour qui s'écoule au fond de notre âme. Certains de ces lieux n'ont rien à voir avec un rapport à une autre personne. Certains peuvent sentir cet amour dans une église ou dans un service divin. Dans les paroles de la lecture qu'ils écoutent, l'amour les aborde tout d'un coup. Ou encore ils ressentent l'amour dans le chant de vieux cantiques ou hymnes. Pour saint Augustin, le chant est un lieu important où nous faisons l'expérience de l'amour. C'est de lui que provient la phrase célèbre : *cantare amantis est* qui peut se traduire par « qui aime chante » ou par « chanter est l'affaire de celui qui aime » ou encore par « seul peut chanter celui qui aime ». Inversement, on pourrait aussi comprendre cette phrase en ce sens que le chant produit l'amour.

D'autres font l'expérience de l'amour dans la nature. Dans la beauté des fleurs, dans l'abondance de la vie qui s'épanouit au printemps, afflue vers eux un amour qu'ils ne peuvent pas nommer. Notre abbé Fidelis nous a raconté sa visite au Pérou. Les Indios lui avaient appris que l'amour afflue vers nous à travers un arbre lorsque nous nous plaçons, pleinement ouverts et présents, dans l'ombre de cet arbre. De prime abord, il était sceptique. Puis il a tout de même voulu faire l'expérience. Et il nous déclara qu'il avait effectivement ressenti un amour qu'il ne pouvait qualifier que d'« amour divin ». Après son exposé, une femme confirma cette expérience. Elle nous dit que fréquemment elle sent dans la nature qu'elle est entourée et imprégnée d'amour. Dieu nous étreint par sa création. En elle, l'amour afflue vers nous. D'autres font l'expérience de l'amour à travers un animal, par exemple leur chien ou une brebis qu'ils caressent. L'amour vient partout à notre rencontre. Il suffit que nous soyons suffisamment ouverts pour le laisser entrer en nous.

Il existe de nombreux autres moyens d'éprouver la force curative de l'amour. Pour beaucoup de gens, un tel moyen est fourni par la musique. Pour ma part, c'est à travers la musique de Mozart que je ressens l'amour qui a inspiré le compositeur. Et peu importe pour moi que j'écoute ses opéras, sa musique spirituelle, ses symphonies ou encore ses concertos pour violon, piano ou clarinette. Les airs de la comtesse dans les *Noces de Figaro* expriment un amour qui est plein de nostalgie et de tension. En écoutant ces airs, j'entre en contact avec mon propre désir d'amour et avec tous les sentiments et tous les états d'âme que l'amour provoque en moi. Là transparaît quelque chose d'un amour qui représente davantage que ce qui se passe entre deux êtres.

Mozart n'évoque pas l'amour intact; dans sa musique, le mystère de l'amour devient audible à travers l'enchantement et à travers les blessures que nous cause l'amour. Par conséquent, si quelqu'un se lamente en affirmant qu'il ne sent plus d'amour en lui parce que telle ou telle personne ne l'aime plus, qu'il aille donc écouter un opéra de Mozart. Dès lors, il croira de nouveau à l'amour. Mieux, il sentira l'amour en lui. Et cet amour qu'il sent dans son cœur ne peut pas lui être enlevé, pas même par la déception ou le refus de l'amour. Mozart n'a pas réfléchi sur l'amour. Il l'a perçu intuitivement et l'a rendu audible dans sa musique. Dans ses airs d'opéra, il s'agit d'amour purement humain. Mais celui-ci est toujours englobé dans la puissance de l'amour en général, où l'amour humain et l'amour divin ne font qu'un. Même dans l'amour le plus parfaitement humain résonne quelque chose qui relève de l'amour divin.

D'autres personnes font l'expérience de l'amour dans l'art. Henry Nouwen rappelle le souvenir de son compatriote Vincent Van Gogh. Il n'a pas pu connaître, sa vie durant, l'amour d'une femme. Mais il a laissé l'amour, qu'il sentait en lui, affluer dans ses œuvres. Lorsque, aujourd'hui, nous nous asseyons devant ses tableaux et que nous accueillons en nous la chaleur des tournesols jaunes, nous sentons l'amour qu'il a investi dans ces tableaux. Et pour certains, c'est là le moyen d'entrer en contact avec l'amour qui se trouve dans leur propre cœur. Telle autre personne voit cet amour dans les tableaux de Fra Angelico. Ce n'est pas sans raison que ce peintre est appelé « un ange ». Ses tableaux contiennent quelque chose de tellement pur et limpide, de tellement plein d'amour aussi, qu'en les regardant nous pouvons absorber l'amour en nous.

Expériences réjouissantes et blessantes de l'amour

Quelque réjouissant que puisse être l'amour, il est par ailleurs fréquemment blessant. J'ai ressenti de l'amour envers une personne, et j'en ai reçu en retour de sa part. Mais subitement, cet amour devient fragile. Mon partenaire se tourne vers une femme plus jeune. Et déjà je me sens blessée, exploitée, abusée, trahie. Mais même cette expérience blessante ne peut pas effacer le désir d'aimer et d'être aimé. Bien au contraire : nous ressentons, après cela, d'autant plus fort le désir d'un amour solide sur lequel nous puissions compter. De nombreuses chansons à la mode sont centrées sur ce sujet. C'est là un thème vieux comme le monde et pourtant toujours nouveau. Nous aspirons à un amour qui nous satisfasse pour toujours.

Mais manifestement l'amour dont nous faisons l'expérience avec une autre personne nous renvoie toujours à un amour qui le dépasse, à un amour, impérissable, éternel et, en dernier ressort, divin.

Pour beaucoup de gens, le mot « amour » évoque le fait d'être amoureux. Lorsque, dans leur jeunesse, ils sont tombés amoureux d'une femme ou d'un homme, ils flottaient comme sur des nuages. Tout devenait vivant en eux. Ils se sentaient comme ensorcelés. L'amour les faisait penser sans cesse à la personne aimée et rien qu'à elle. Sa proximité était pour eux comme un élixir de vie. Ils s'épanouissaient. Ils se sentaient heureux. Être amoureux, c'est le début de tout grand amour. Cependant, il faut qu'« être amoureux » se transforme en « aimer ». Lorsque nous sommes amoureux, nous le sommes bien souvent – comme l'affirment les psychologues – de notre propre image que nous projetons sur le partenaire. Nous devons apprendre à voir celui-ci tel qu'il est en réalité, sans l'idéaliser, et à l'aimer et l'accepter dans tout ce qu'il a de semblable et de différent par rapport à nous. Dès lors, le partenaire devient aussi un miroir pour nous-mêmes. Et dans l'amour de l'autre, nous apprenons peu à peu à nous aimer aussi nous-mêmes tels que nous sommes et à ne pas nous contenter d'aimer l'image idéalisée que nous nous faisons de nous-mêmes.

Fréquemment, nous tombons amoureux également lorsque nous sommes déjà mariés depuis longtemps ou que nous avons décidé depuis longtemps de rester célibataires. Même lorsque nous formons un couple heureux avec notre conjoint, il nous arrive de rencontrer un autre homme ou une autre femme. Nous regardons cette personne et nous percevons pour elle de l'amour au premier regard. Beaucoup de gens sont, dans une telle situation, saisis par la crainte de détruire leur couple. Certes, il n'existe pas de remède contre le fait de tomber amoureux. Mais l'important est que cet amour ne m'empêche pas de me comporter de façon responsable et que j'arrive à concilier cette expérience avec ce qui a été jusque-là ma conception de la vie. Je ne peux pas arracher de mon cœur ce nouvel amour. Mais celui-ci peut me rappeler que dans mon mariage (ou mon célibat) j'ai négligé certains sentiments ou aspirations de mon âme et que je dois désormais en prendre conscience et les intégrer dans ma vie.

Lorsque je tombe amoureux d'un homme ou d'une femme, je refais l'expérience de moi-même en tant qu'être capable d'aimer. Je ressens un amour profond. Cet amour est en moi. Il est certes déclenché par l'autre, mais cet amour est le mien. Beaucoup de gens se rendent alors dépendants vis-à-vis de l'autre et entrent en conflit avec leur conception antérieure de la vie. Pour C. G. Jung, « tomber amoureux » a toujours quelque chose à voir avec une projection. Je tombe amoureux d'une personne, laquelle vit quelque chose qui existe aussi en moi, mais que j'ai trop peu réalisé jusqu'à présent. C'est pourquoi le fait d'être amoureux est toujours une exigence que je formule à l'égard de moi-même et qui vise à faire l'expérience de ce que j'ai négligé jusqu'ici. C'est l'autre qui a provoqué cela ; mais cela ne dépend pas de lui. Si je me contente d'être vivant lorsque l'être aimé est là, je deviens dépendant.

Et en dernier ressort, cette dépendance nuit à ma dignité. En revanche, plus je réalise en moi-même ce que l'autre y suscite, et moins je deviens dépendant. Je peux percevoir l'autre avec gratitude. Je peux sentir que je suis amoureux sans avoir peur de devoir quitter la personne avec laquelle je suis lié par l'amour. Être amoureux, c'est un moyen de déployer peu à peu la richesse de ma propre âme.

Une mère élevant seule ses quatre enfants m'avait raconté qu'elle s'était amourachée d'un compositeur. Mais celui-ci la blessait constamment parce qu'il avait encore d'autres relations avec des femmes. Il l'exploitait. À chaque fois qu'il avait besoin d'argent, il venait la voir, devenait tout à fait charmant et lui promettait tout ce qu'elle voulait. Ses amies lui avaient suggéré depuis longtemps de lâcher enfin cet homme qui ne méritait pas du tout son amour. Elles faisaient valoir que, avec cet amour, elle se faisait du tort à elle-même. Mais en dépit du fait qu'elle reconnaissait, avec son intelligence, que sa relation avec cet homme ne lui faisait pas de bien, elle ne pouvait pas arracher cet amour de son cœur. Ce n'était d'ailleurs pas sa tâche de l'en arracher. Elle devait plutôt se demander ce que cet homme éveillait en elle, ce qui la fascinait en lui à ce point. À ma question, elle répondit : « c'est la légèreté de l'être ». Et nous réfléchîmes ensemble pour savoir comment elle pourrait vivre davantage cette légèreté de l'être chez elle-même. Elle avait le désir d'admettre cette légèreté. Mais elle était à ce point surchargée de travail qu'elle n'en trouvait pas le moyen. Cependant, l'expérience d'être amoureuse lui permit de trouver en elle le côté léger et de le cultiver.

Et peu à peu elle se rendit indépendante vis-à-vis de l'homme qu'elle aimait. Ce ne fut pas une séparation brutale, mais un chemin qui allait la conduire à faire l'expérience d'elle-même avec ses nouvelles possibilités et à s'enrichir intérieurement. Étant donné qu'elle n'était plus aussi indigente, et qu'elle était dès lors capable de vivre par elle-même, elle avait cessé d'être dépendante.

L'art d'aimer

Il n'existe guère de livre consacré à l'amour qui ait été diffusé aussi largement que celui du psychanalyste Erich Fromm : *Die Kunst des Liebens* (« L'art d'aimer »). Manifestement, c'était un besoin de beaucoup de gens d'apprendre – à travers leurs expériences positives et négatives, enchanteresses et blessantes de l'amour – l'art de pouvoir aimer véritablement. Pour Erich Fromm, il s'agit vraiment d'un art. L'amour n'est pas une chose qui m'advient tout simplement. La manière dont j'aime dépend aussi de moi. Et pour Fromm, l'amour exige d'une part le déploiement de ma propre personnalité et d'autre part la disponibilité à me donner, à m'abandonner moi-même et à entrer en relations avec l'autre. Erich Fromm ne comprend pas l'amour simplement comme un événement qui me tombe dessus lorsque je m'amourache de quelqu'un. Il s'agit plutôt, pour lui, d'une capacité qui exige aussi l'intervention active de la personne.

Fromm décrit les différentes formes d'amour et les dangers qu'elles comportent. Il commence par l'amour du prochain qui en définitive s'adresse toujours à tous les humains, puis en arrive à l'amour maternel et paternel et traite ensuite de l'amour érotique. Celui-ci peut également conduire à un égoïsme à deux lorsqu'il s'arrête à l'autre ; il doit toujours se transformer, à travers l'amour concret envers une personne qui m'attire, en un sentiment fondamental d'amour envers tout ce qui existe. L'auteur évoque aussi l'amour de soi-même que Sigmund Freud a vu également comme quelque chose de négatif. Enfin, Fromm parle de l'amour envers Dieu. Il existe un amour infantile de Dieu, qui identifie Dieu à la mère ou au père. Et il existe un amour mature de Dieu, tel que l'a décrit surtout la mystique : une union avec le Dieu sans nom, qui est amour en soi.

Erich Fromm se refuse à donner des conseils bon marché sur la manière de réussir dans l'art d'aimer. Tout art doit être exercé. Et tout art comporte quatre conditions préalables : la discipline, la concentration, la patience et la prise de conscience de l'importance de cet art. Nous ne pouvons réussir dans l'art d'aimer qu'à condition de surmonter notre propre narcissisme et de devenir ainsi ouverts au mystère d'autrui. Et Fromm cite encore une autre condition préalable pour l'art d'aimer : la foi. Par là, il ne désigne pas en premier lieu la foi en Dieu, mais la foi en ce qu'il y a de bon dans l'autre et la foi en soi-même et en sa propre capacité d'aimer. Avoir foi en l'autre signifie pour lui « être sûr que l'autre est fiable et immuable, dans son attitude fondamentale, dans le noyau de sa personnalité, dans son amour » (Fromm 135). Et cela signifie aussi : croire aux possibilités qui se trouvent dans l'autre et qui peuvent être éveillées par l'amour.

Cette foi en l'autre requiert en même temps du courage. En nous, il n'y a pas seulement la crainte de ne plus être aimés, mais également la peur de l'amour, c'est-à-dire la peur de perdre le contrôle dans l'amour et de se donner à l'autre.

« Aimer veut dire que nous nous livrons à l'autre sans garantie, que nous nous donnons entièrement à la personne aimée dans l'espoir que notre amour éveillera aussi l'amour en elle. L'amour est un acte de foi, et celui qui n'a que peu de foi n'a que peu d'amour » (Fromm 140).

Dans son développement sur l'art d'aimer, Erich Fromm confirme l'idée de saint Paul selon laquelle amour et foi vont ensemble et « l'amour croit tout ».

Le désir d'aimer et d'être aimé

Pour moi, c'est un autre accès psychologique à l'amour qui est devenu important. Chaque être humain – c'est ce que nous disent unanimement les philosophes et les psychologues – aspire à aimer et à être aimé. Et chacun a l'expérience, réjouissante et en même temps décevante, qui consiste à aimer et à être aimé. L'amour peut enchanter la personne et peut aussi le blesser lorsqu'il ne provoque pas la réaction qu'elle attend. Le but de notre aspiration à l'amour n'est pas qu'un jour arrive quelqu'un qui nous aime à tel point que nous sommes saturés pour toujours. L'amour humain n'est pas susceptible de nous saturer entièrement. Aussi bien l'accomplissement par l'amour que la déception que nous connaissons suffisamment souvent visent à nous ouvrir à un amour qui est plus grand que l'amour entre humains. Le but de nos expériences avec l'amour – qu'il s'agisse d'accomplissement ou de déception – est que nous devenions amour, que nous fassions l'expérience de l'amour en tant que qualité qui marque toute notre existence, en tant que source qui coule en nous.

Une femme nous a raconté qu'au cours d'une promenade elle avait eu subitement le sentiment qu'elle était tout amour. Elle n'aimait pas tel ou tel homme, mais elle était elle-même amour. L'amour en elle affluait vers tout ce qu'il entourait. Il remplissait son corps et le lui faisait sentir de manière nouvelle. D'elle émanait une bienveillance envers tout, envers la nature qui l'entourait, envers les personnes qu'elle rencontrait. Elle sentait en elle un goût agréable, le goût de l'amour. Une autre femme eut l'occasion de faire cette expérience au cours de la méditation. Elle sentit tout à coup que toute la pièce dans laquelle elle méditait était remplie d'amour. Elle était amour elle-même et tout, autour d'elle, était amour. Cela allait transformer sa perception d'elle-même et sa perception du monde qui l'entourait.

Nous disons parfois en parlant de vieilles personnes, hommes ou femmes, que de leur visage émane l'amour. C'est souvent un visage marqué par la douleur. Mais à travers toutes les rides, il rayonne l'amour. Ou encore nous avons le sentiment que ce sont des mains de ces vieilles personnes qu'émane l'amour. Un jour que je me trouvais sur le mont Athos, je fus salué par un vieux prêtre qui était là en hôte. Nous n'avions aucune langue commune pour nous entretenir. Mais la pression de sa main communiquait l'amour. Oui, j'avais vraiment la sensation qu'elles étaient amour. Il était devenu amour lui-même. L'amour s'écoulait de tout ce qu'il était. On raconte, à propos d'un rabbin, que les gens ne se rendaient pas chez lui pour écouter son enseignement, mais seulement pour le regarder lacer ses chaussures. La manière pleine d'amour dont il laçait ses chaussures permettait de se rendre compte que c'était un homme spirituel et qu'il était entièrement amour.

Quiconque a pris conscience du fait qu'il était amour a vécu en définitive une expérience spirituelle. Nous ne pouvons pas de façon permanente avoir cette prise de conscience. Mais quelquefois elle s'empare de nous. Nous sommes alors, intérieurement, pleins de bonheur. Nous avons l'intuition de ce que Jean dit dans sa *Première Épître*: « Dieu est amour: qui est amour demeure en Dieu et Dieu demeure en lui » (1 Jn 4,16). Nous avons en définitive fait l'expérience de Dieu lui-même qui est le fondement et la source de tout amour.

Le but de toutes les expériences de l'amour, qu'il s'agisse d'accomplissements ou de blessures, ainsi que de tout l'enchantement et de toute la déception dus à l'amour, est que nous parvenions à cette source d'amour qui est indépendante du fait qu'à ce moment quelqu'un nous aime ou que nous soyons amoureux de quelqu'un. Que nous en ayons conscience, cela nous dispense de nous plaindre constamment que nous n'avons pas reçu suffisamment d'amour et que nous sommes incapables de vivre correctement parce que nous n'avons pas été satisfaits dans notre aspiration à l'amour. Cette aspiration est éveillée en nous à la fois par l'accomplissement et par la déception. Dans l'accompagnement spirituel, je rencontre de nombreuses personnes qui souffrent d'être trop peu aimés. Je prends leur souffrance au sérieux. Mais je les renvoie aussi à leur aspiration à l'amour. Cette aspiration est en eux. Personne ne peut la leur enlever. Antoine de Saint-Exupéry a dit un jour : Dans l'aspiration à l'amour, il y a déjà l'amour. Chacun de nous aspire à l'amour. Et à travers cette aspiration, nous sentons déjà l'amour, l'amour d'un autre être humain, mais également l'amour que nous sommes. Certains se sentent malheureux comme les pierres parce que la personne qu'ils aiment ne répond pas à leur amour. Là encore, je renvoie ceux qui me demandent conseil à l'aspiration à l'amour qui est en eux et dans laquelle il y a déjà véritablement de l'amour. Lorsqu'ils jouissent de cet amour, leur vie se transforme. Dès lors, ils peuvent parfois faire ce constat réjouissant qu'en définitive peu importe que telle ou telle personne m'aime ; l'important, c'est que je suis amour. Et à travers l'amour, je suis en Dieu. J'arrive alors à la source qui féconde et guérit ma vie.

Une femme m'a raconté qu'après la mort de son mari elle avait trouvé des lettres qui l'avaient fait conclure à des infidélités de la part de celui-ci. Bien entendu, cela l'avait profondément blessée. Elle n'aurait jamais cru son mari capable de cela. Mais elle sentait qu'elle ne voulait pas devenir simplement amère. Elle ne voulait pas remettre son mariage entièrement en question à cause de ces infidélités, ni se couper elle-même de son expérience de l'amour. Au cours de notre conversation, il devenait évident qu'elle avait sincèrement aimé cet homme. Et à travers toutes ses expériences, faites d'accomplissements et de blessures, elle était entrée en contact avec la source d'amour qui était en elle. Cet amour-là, rien ne pouvait le lui enlever, pas même l'infidélité de son mari. C'était son chemin qui la conduisait à accéder à l'amour en tant que force divine présente dans son âme. Elle aurait souhaité qu'il fût différent. Mais il fallait prendre les choses comme elles étaient. Et à travers la douleur et la tristesse causées par sa blessure, elle en arriva en fin de compte à trouver sa paix intérieure. Elle sentait en effet que cet amour lui appartenait et conférait un goût divin à sa vie. Au lieu de laisser ses pensées tourner perpétuellement autour de cette infidélité de feu son mari, elle les orientait, dès qu'il lui arrivait d'y songer, vers le fond de sa propre âme. Ce n'était pas une fuite devant la déception subie, mais une voie vers la guérison et la transformation. Et c'est en cela que consiste pour moi en définitive la fonction thérapeutique de l'amour tel que Paul nous l'a décrite.

Toutes les expériences de l'amour, quelque blessantes et décevantes qu'elles puissent être, visent à nous conduire vers cet amour divin qui est en nous. Il n'est pas fragile. Nous pouvons nous fier à lui. Malheureusement, souvent, nous le ressentons à peine. Mais aussi bien à travers les expériences enchanteresses de l'amour pour une personne, pour lesquelles nous sommes reconnaissants, qu'à travers les expériences décevantes qui nous font mal, nous pouvons avoir une intuition de cet amour qui est en nous et qui confère un goût divin à notre amour. Nous avons besoin des expériences humaines de l'amour pour sentir l'amour divin. Il ne s'agit pas de fuir les expériences humaines de l'amour parce qu'elles sont trop dangereuses et qu'elles peuvent nous blesser. Quiconque voudrait ignorer la dimension humaine de l'amour, pour s'abriter uniquement dans l'amour divin, ferait naufrage. En revanche, pour celui qui, à travers toutes les expériences, recherche le fondement de l'amour – fondement qui est présent dans tout amour humain en tant que sa dimension de profondeur – l'expérience de l'amour sera toujours une voie vers la guérison et en définitive aussi une voie mystique qui le conduit toujours plus profondément à prendre conscience de Dieu et du mystère de l'amour ineffable et insondable de Dieu.

L’Hymne à l’Amour et les expériences faites dans la consultation matrimoniale

Au début de cet ouvrage, j’ai mentionné le fait que, lors de mariages, j’ai souvent entendu des prédications portant sur le chapitre 13 de la *Première Épître aux Corinthiens*, dans lesquels l’amour conjugal était exalté dans les termes les plus dithyrambiques. Bien souvent, ces discours s’adressant au couple de mariés me sont apparus par trop romantiques : trop beaux pour être vrais. Lorsque, dans mes cours, je propose aux participants d’avoir des entretiens, ce sont les problèmes de l’amour qui deviennent souvent le sujet de ces entretiens. Là, il apparaît qu’il existe souvent des difficultés dans la relation avec l’épouse ou le mari ou encore avec les enfants. On constate aussi qu’il existe des hommes qui, à l’âge de soixante-cinq ans, sont encore pleins de jalousie. Ils en sont navrés, mais ils ne peuvent pas s’en libérer. Une femme raconte qu’elle ne peut plus supporter son mari. Tant de blessures se sont accumulées que, de plus en plus, elle se ferme à son époux. Et finalement, même son corps éprouve cette répulsion à l’égard de l’homme qui l’a si souvent blessée. Dès lors, elle ne peut plus dormir avec lui parce que son corps se révolte contre lui.

Je n'ai pas reçu une formation de conseiller matrimonial. Je ne peux me fonder que sur des expériences que j'ai faites au cours d'entretiens portant sur des problèmes relationnels, ainsi que sur la lecture d'ouvrages consacrés à la consultation matrimoniale. À partir de mes entretiens avec des conseillers matrimoniaux, j'ai appris qu'il n'est pas facile de travailler avec des couples. Fréquemment, c'est seulement l'un des partenaires qui souhaite la consultation matrimoniale, tandis que l'autre est d'avis que tout va bien. L'homme n'accompagne sa femme que pour qu'elle soit satisfaite, mais il ne participe pas vraiment à la conversation. Dans d'autres couples, la situation est à ce point sans issue qu'ils ne sont guère en état de parler raisonnablement l'un avec l'autre. Ou encore, les blessures sont si profondes qu'il leur est difficile de croire aux affirmations d'amour venant du partenaire.

Un grand nombre d'hommes et de femmes qui participent aux cours sont divorcés. Ils parlent de l'échec de leur mariage. Ils ont bien essayé de sauver leur couple, mais à partir d'un certain moment, ce n'était plus possible. Ou bien ils ont lutté en vain parce que l'homme ou la femme est tout simplement parti pour se tourner vers une autre femme ou un autre homme ; leurs efforts pour préserver le couple sont restés sans succès. D'autres racontent que l'échec de leur couple les a complètement désorientés : ils avaient misé tous leurs espoirs sur la réussite du mariage, ils avaient tout fait pour qu'il marche ; et néanmoins, ils ont dû se séparer.

À ces hommes et ces femmes qui souffrent dans leur amour ou qui n'ont pas réussi à s'aimer, que puis-je dire sur l'amour ? Dans leur cas, une méditation sur les paroles adressées par Paul aux Corinthiens ne représente-t-elle pas une fuite hors de la réalité ? Souvent, dans les couples, il ne s'agit pas du grand amour, mais des petites choses, plutôt banales semble-t-il, de la vie quotidienne. Il y a l'incapacité de communiquer l'un avec l'autre, de dire à l'autre sans le blesser, ce qui est acceptable ou pas dans son comportement. Il s'agit de problèmes sexuels, de la dissipation des sentiments. À force de se soucier des enfants et de s'occuper d'eux, la relation avec le partenaire est négligée. L'amour subsiste encore d'une certaine façon, mais quelquefois on a l'impression qu'il s'est tout simplement dissipé. À force de se frotter l'un à l'autre tous les jours, l'amour a disparu. Que représentent, en face de ces expériences quotidiennes, les belles paroles de l'Hymne à l'Amour ?

Lorsque des époux ne trouvent plus de satisfaction dans l'amour, ils vont voir un conseiller matrimonial ou un psychologue, dans l'espoir que cette personne pourra les aider à retrouver leur amour original et à lui redonner vie. Mais souvent, ils s'y prennent trop tard, de sorte que la déchirure ne peut plus être réparée. Les conseillers matrimoniaux ont appris leur métier : ils ont appris comment se comporter avec des époux dont l'amour traverse une crise. Ils font attention à la manière dont les époux se parlent : se contentent-ils de s'abreuver de reproches, ou sont-ils capables de s'écouter mutuellement et d'essayer de se comprendre ? Ils font remarquer aux époux leur façon de se parler. Et ils leur montrent comment ils peuvent mieux communiquer entre eux sans faire de reproches à l'autre et sans porter un jugement de valeur sur ses actes ou ses paroles. Il est certainement très utile que les époux fassent l'apprentissage de formes de conversation paisibles afin qu'ils puissent continuer à vivre en bonne entente l'un avec l'autre.

J'ai jusqu'ici décrit le chapitre 13 de la *Première Épître aux Corinthiens* comme une puissance de l'amour qui existe dans l'être humain indépendamment de la manière dont cet amour se développe concrètement. Mais ce texte est parfaitement susceptible d'apporter aussi une aide aux époux en leur montrant comment ils peuvent approfondir leur amour réciproque et le vivre concrètement dans l'existence quotidienne. Toutefois, nous devons nous garder de représenter les affirmations de saint Paul comme trop idéalistes. Dans ce cas, le seul effet que nous obtenons est de donner mauvaise conscience aux époux. Ils ont alors l'impression qu'avec de la bonne volonté, ils devraient tout de même arriver à préserver leur amour. Il s'agit plutôt de transposer, de façon claire et compréhensible, les paroles de la Bible dans la vie quotidienne du couple. Elles deviennent alors un moyen utile de promouvoir l'amour dans le couple sans produire des sentiments de culpabilité.

Je me contenterai d'indiquer quelques démarches concrètes qui devraient permettre de rendre fécondes les paroles de saint Paul pour l'amour entre époux. Je considère ici la situation de la conversation. Les époux en viennent à discuter, isolément ou ensemble, de leurs problèmes relationnels. Les paroles de saint Paul ne sont pas ici un pieux emplâtre que je peux coller sur les difficultés qu'ils éprouvent dans leur vie commune. Un tel emplâtre ne ferait que recouvrir les problèmes. Or, il faut les regarder en face en toute humilité. Là je peux utiliser la phrase: « L'amour ne plastronne pas. » Quiconque parle honnêtement de son amour envers son partenaire n'aura pas envie de plastronner. Il n'aura pas besoin non plus d'idéaliser l'amour. Il peut parler sobrement du don d'amour dont les deux époux font sans cesse l'expérience, mais également de la tâche difficile qui consiste à préserver cet amour dans la vie quotidienne et de le maintenir constamment en éveil. C'est seulement à condition de considérer honnêtement mon amour que je trouverai une voie permettant de la vivre de telle façon qu'il nous gratifie mutuellement.

La phrase « L'amour ne plastronne pas » signifie encore autre chose pour moi. Je rencontre sans cesse des hommes qui épousent une femme dont ils attendent qu'elle les admire: ils se vantent devant elles de leurs capacités et de leurs performances. Mais dès que l'épouse se met à les critiquer, ils se cherchent rapidement une autre partenaire qui lève les yeux vers eux et les regarde avec admiration. C'est un processus douloureux pour l'homme de faire face à une femme qui les critique, qui découvre ses côtés d'ombre, qui lui montre où sont ses faiblesses et où il cherche à en faire accroire lui-même et les autres. Au demeurant, c'est précisément pour cela que les entretiens visent souvent à ce que les partenaires apprennent à se regarder « à même hauteur d'yeux » et à se défier mutuellement au lieu de s'admirer.

Le conseiller matrimonial Hans Jellouschek pense qu'à l'heure actuelle l'amour est surtout menacé par des idées néoromantiques. Il y a cette idée que l'amour est un « institut du bonheur » et que dans l'amour on doit toujours se sentir heureux. Il oppose à cette idée – qui correspond au terme « plastronner » – l'image du mariage comme chemin d'apprentissage. Sur ce chemin, nous apprenons à nous accepter mutuellement, à vivre l'un avec l'autre et à nous aimer. C'est aussi sur ce chemin que nous ferons sans cesse l'expérience du bonheur. Quelquefois, cependant, nous faisons aussi l'expérience des difficultés que ce chemin comporte. Seul celui qui n'a pas peur de prendre aussi sur lui ces difficultés fera aussi sans cesse, avec gratitude, l'expérience d'un amour réussi.

Une autre idée néoromantique est celle selon laquelle la sexualité satisfait à notre plus profonde aspiration à l'union avec un autre être. Jellouschek pense que cette idée revient à trop exiger de la sexualité. Il est vrai que l'union sexuelle de l'homme et de la femme procure un bonheur profond, mais elle ne satisfait pas à notre désir le plus profond ; bien au contraire, elle éveille toujours en nous un désir nouveau. Dans la sexualité, il y a toujours aussi un potentiel de transcendance. L'amour sexuel entre l'homme et la femme ne peut être vécu de façon satisfaisante pour l'un et l'autre qu'à condition qu'il soit ouvert à la transcendance, à l'extase en Dieu. Les couples qui négligent la sexualité sont insatisfaits. Mais les couples qui se fixent sur la sexualité sont également déçus. Il faut une bonne culture de la vie qui soutient la sexualité vécue et lui confère un cadre plus large. Et il faut de la créativité et, en dernière analyse, l'ouverture à Dieu pour que nous n'exigions pas trop de la sexualité et que nous puissions en jouir avec gratitude.

Lorsque les époux parlent des difficultés rencontrées dans leur vie commune, je les renvoie toujours au « souffle long » dont parle saint Paul. Il y a dans le mariage des phases où les partenaires deviennent étrangers l'un à l'autre. Un couple marié subsiste grâce à un bon équilibre entre la proximité et la distance. Lorsque je sens une certaine distance vis-à-vis de mon (ou ma) partenaire, cela ne signifie pas que je veux aussitôt mettre fin au mariage. En fait, il faut le « souffle long » pour donner à l'autre l'espace nécessaire pour continuer à se développer. Et j'ai moi-même besoin de cet espace pour faire quelque chose pour moi. Lorsque le dialogue entre les époux n'apporte rien, je leur conseille toujours d'utiliser cette phase de leur vie commune pour faire quelque chose chacun pour soi, de promouvoir chacun son propre développement. Peut-être mon partenaire ressentira-t-il une curiosité nouvelle pour moi si j'ai fait quelque chose pour moi, si j'ai continué à me développer. Au lieu de me frotter à l'étroitesse de l'autre, je dois sentir ma propre largeur. Plus je deviens large, et moins je suis gêné par l'étroitesse de l'autre. Ma largeur a aussi pour effet d'inviter l'autre à s'ouvrir peu à peu. Mai il faut beaucoup de patience pour cela. Et il faut aussi l'espérance : il faut que j'espère ce que je ne vois pas, il ne faut pas que j'abandonne l'espoir que j'entretiens pour l'autre, à savoir que ce qu'il y a de bon en lui se développera.

La phrase « L'amour ne cherche pas son intérêt » a conduit beaucoup d'époux – et surtout d'épouses – à exiger trop d'eux-mêmes. Ils ont pensé qu'ils ne devraient jamais penser à eux-mêmes, qu'ils devraient exister pour l'autre exclusivement et toujours veiller à ce qu'il aille bien. Cependant, lorsque j'interprète unilatéralement ces paroles de saint Paul, je néglige mes propres besoins. Et à un moment ou à un autre, ces besoins refoulés se signaleront à moi ; et cela avec d'autant plus de force qu'ils ont été refoulés plus profondément. Dès lors, bien souvent, nous ne trouvons aucun moyen de concilier notre don de soi avec nos propres besoins. Nous laissons alors de côté le don de soi et ne vivons plus que pour nous-mêmes. Je me concentre sur moi-même et ne m'occupe plus que de moi-même et de ce qui me fait du bien. Mais ce faisant, en réalité, je me fais du mal. L'important, dans le mariage, est de se laisser aller au don de soi et de veiller en même temps à la satisfaction de ses propres besoins. Il me faut prendre mes responsabilités pour ma famille, mais aussi pour moi-même.

Lorenz Wachinger décrit le don de soi d'une manière réaliste, de sorte qu'il n'exige pas trop des époux, mais qu'il les rend capables de prendre soin l'un de l'autre. Le don de soi signifie également toujours pour lui que quelque chose meurt en moi, alors que je m'y accroche : « Des illusions caressées secrètement et obstinément au sujet de soi-même et du partenaire meurent dès que cesse l'état amoureux initial ; le Moi juvénile qui se trouve si grand et si admirable meurt peu à peu, fait place à un Moi plus profond qui reconnaît aussi le Moi du partenaire ; l'amour lui-même, le feu rayonnant du début ne peut pas subsister tel quel ; il meurt et se renouvelle » (Wachinger, *Ehe*, 165).

Il ne s'agit pas de se sacrifier pour autrui. En effet, lorsque je me sacrifie pour l'autre, je ne remarque même pas combien d'agressivité se cache dans cette attitude. À un moment ou à un autre, le sacrifice devient alors exigence à l'égard de l'autre. Il doit me récompenser en donnant tout pour moi et en prenant toujours soin de moi. En revanche, le don de soi signifie que l'on abandonne sans cesse ses propres idées de l'amour et que l'on entre en relation avec l'autre tel qu'il est.

Un autre moyen de faire réussir l'amour est représenté par la phrase : « L'amour n'entretient pas de rancune. » Souvent l'amour échoue parce que chacun des deux partenaires rend l'autre responsable de l'absence de réussite de l'amour : l'autre n'a pas le temps. Il ne se rend pas compte de mes besoins. Il est froid et me fait grise mine. Il ne s'occupe pas de moi et de mes sentiments. « S'accuser mutuellement, rendre l'autre responsable des déceptions éprouvées, est l'un des "jeux" les plus fréquents que pratiquent entre eux les époux qui ne s'entendent plus.» Au lieu de rendre l'autre responsable ou de se sentir soi-même coupable de tout ce qui arrive, il existe une troisième voie pour laquelle plaide Wachinger : il s'agit d'apprendre à voir et à supporter la responsabilité d'avoir dit ou fait quelque chose d'irréversible, ou de ne pas avoir dit ou fait quelque chose, d'être demeuré en reste avec le partenaire ou avec d'autres. «Mon identité tient à ce que je ne me contente pas d'écarter et d'oublier les erreurs que j'ai faites dans le passé ; si je m'assume comme celui que j'étais, d'autres – et en particulier mon partenaire – pourront m'assumer comme celui que je suis maintenant et que je voudrais être et peux être » (Wachinger, *Ehe* 133).

J'observe souvent de quelle manière l'un des époux rejette la faute sur l'autre. C'est la faute du mari s'ils n'ont pas de vraie vie commune. En effet, il n'a pas le temps. Il rentre fatigué de son travail, et dès lors n'a pas envie d'engager une discussion un tant soit peu approfondie. En conséquence, la conversation entre eux demeure superficielle. Ou bien c'est la faute de l'épouse si les besoins du mari, visant à une relation plus intense, ne sont pas satisfaits. Elle est à tel point fixée sur les enfants que le mari s'en trouve frustré. Le rejet de la faute sur l'un des deux partenaires est encore plus évident si celui-ci est tombé amoureux.

Une femme m'a raconté qu'elle avait honnêtement informé son mari qu'elle éprouvait des sentiments pour son médecin, qu'en fait elle était tombée amoureuse de celui-ci. Elle n'a pas du tout vécu cet amour ; elle n'a fait que parler de ses sentiments. Son mari s'en est pourtant senti à ce point blessé qu'il s'est séparé d'elle. Et il l'a fait en rejetant sur elle la responsabilité de la rupture du mariage.

D'un autre côté, un homme m'a raconté qu'il avait, au cours d'un voyage à l'étranger, rencontré une femme et eu avec elle un rapport sexuel. Mais il était évident pour lui que cette relation n'avait pas d'avenir. Il allait se confesser à son épouse afin de pouvoir honnêtement se tourner à nouveau vers elle. Mais elle le contraignit à porter, sa vie durant, sa robe de pénitent. Elle ne cessait de lui reprocher sa faute. La relation entre eux devenait insupportable. Lorsque l'homme disait quelque chose qui ne convenait pas à sa femme, elle réagissait agressivement :

« Tu n'as pas le droit de parler comme cela après ce que tu as fait. » Un comportement aussi rancunier détruit la relation.

Je ne peux parler ouvertement d'une faute que j'ai commise qu'à condition que l'autre n'exploite pas mon aveu et n'entretienne pas en permanence des sentiments de culpabilité en moi ; car alors, ces sentiments deviennent un marais dans lequel je reste bloqué. Je ne peux plus respirer et ne peux plus librement choisir mon chemin. Il est important de trouver une possibilité de nous comporter à l'égard des petites fautes de la vie quotidienne et de la culpabilité dont nous nous sommes chargés lorsque nous avons profondément blessé l'autre. Nous ne devons pas « recouvrir » pieusement ces faux pas ni les excuser immédiatement. Ce n'est pas cela qui procure la paix. Mais il est tout aussi inutile de nous accuser nous-mêmes ou d'accuser l'autre. La faute doit être regardée en face. Comment a-t-elle pu se produire ? La culpabilité doit mener à l'humilité.

Personne d'entre nous ne peut se considérer comme parfait. Dans la vie commune, nous atteindrons constamment nos limites. Nous découvrirons en nous des traits de caractère, dont nous n'avons jamais supposé la présence. C'est un processus douloureux de considérer cela en toute humilité sans nous déchirer nous-mêmes avec des sentiments de culpabilité et sans revêtir l'autre d'une robe de pénitent. Mais c'est seulement à travers la douleur que quelque chose de nouveau peut naître. Nous devons regretter les erreurs que nous avons commises. Ce n'est qu'ainsi qu'un recommencement devient possible. Nous devons abandonner les illusions que nous nous étions faites sur nous-mêmes ou sur autrui, et nous devons nous regarder nous-mêmes et regarder l'autre de manière réaliste, mais en même temps avec un regard indulgent et bienveillant. Et nous devons sentir à quel point nous avons blessé l'autre ; nous devons percevoir et respecter la douleur de l'autre. Ce n'est que dans ces conditions que la faute commise peut se transformer en une faute heureuse et donner lieu à un recommencement.

La phrase « L'amour excuse tout » a souvent été interprétée dans un sens passif : je dois prendre l'autre comme il est ; je ne peux pas le changer ; je dois supporter ses faiblesses ; il n'y a rien d'autre à faire. Mais une telle interprétation passive de la phrase de Paul ne fait que créer la résignation et conduire à la dépression. L'amour comporte toujours une certaine confiance en l'autre. Il l'accepte, certes, tel qu'il est. Mais il comporte toujours l'espoir que ce qu'il y a de bon dans l'autre se déploiera.

Dans la vie commune des époux, je dois prendre au sérieux mes propres sentiments. Et lorsque le comportement de l'autre me fâche, cela ne m'aide pas de dire simplement : je dois le supporter comme il est. La colère et les agressions sont toujours aussi des défis lancés à l'autre. Je crois qu'il est capable de changer bien des choses en lui. Je lui dis quel effet ses paroles ont sur moi, et que cela me fâche qu'il arrive, par exemple, toujours en retard. L'agression est un appel lancé à l'autre afin qu'il travaille sur lui-même et qu'il prenne conscience de lui-même. Peut-être n'a-t-il même pas remarqué quel effet ses paroles ont sur moi. L'agression est la force qui vise à mettre en marche un processus de changement. Et sans cette disponibilité à une transformation continuelle, aucun mariage ne pourrait subsister.

Mais en dépit de tous les désirs de changement et tentatives de changement, il subsiste toujours assez de choses qui doivent être portées et supportées. Lorsque l'autre tombe malade, il s'agit de le soutenir tel qu'il est, avec sa maladie, avec sa faiblesse physique, avec sa dépression, avec son angoisse. Mais aussi en présence de problèmes psychiques du (ou de la) partenaire, je dois toujours me demander en mon âme et conscience si je dois simplement le soutenir ou si je dois également le défier. Lorsqu'il est dépressif, je peux au moins insister auprès de lui pour qu'il fasse quelque chose pour lui-même, qu'il commence une thérapie. Je discute avec lui, j'essaie de partager ses sentiments sans porter un jugement de valeur. Mais là encore, je dois prendre mes sentiments au sérieux. Si je ressens de la colère en moi, c'est fréquemment un signe qui m'indique que l'autre pourrait très bien changer quelque chose en lui-même. Mais il préfère baigner dans sa dépression. La colère est alors l'impulsion qui m'incite à faire appel à l'autre afin qu'il travaille sur lui-même et qu'il cherche de l'aide. La colère peut bien entendu être aussi un signe m'indiquant que je dois abandonner l'image du partenaire fort. Dans ce cas, c'est un appel en vue de changer quelque chose en moi et dans mon attitude envers l'autre.

En aucun cas je ne dois utiliser la phrase « L'amour excuse tout » de manière inconsidérée comme signifiant que je dois tout accepter sans contradiction. Je dois découvrir le point où l'amour qui supporte est mis en question. Certes, il n'y a pas de vie commune où nous ne devons pas supporter beaucoup de choses, chez nous-mêmes et chez l'autre. Mais le fait de les supporter ne relève pas de la résignation, mais c'est au contraire une source de forces. Ou encore, cela devient une colonne qui confère de la stabilité au mariage, qui porte la maison du mariage afin que les deux époux puissent y habiter confortablement.

Un homme m'a raconté qu'il se sentait dépressif vis-à-vis de son épouse dépressive. À chaque fois qu'il voudrait l'aider, elle le repousse. Lorsqu'il prend ses distances, elle lui en fait le reproche. Elle lui fait grief d'être en bonne santé ; dans ces conditions, dit-elle, il lui est facile de parler alors qu'il n'a aucune idée de ce qu'elle souffre dans sa dépression. Il ne sait plus ce qu'il doit faire. Le seul fait de ne pas être malade lui est reproché. On peut aussi utiliser la maladie comme une arme dirigée contre l'autre. Dans ce cas, la première réaction ne consiste pas à supporter, mais à se défendre et à se protéger soi-même. Il faut que je me protège contre la force agressive de la maladie du partenaire. En dépit de cette protection de soi, il restera suffisamment difficile pour moi de supporter l'autre avec sa maladie et d'accepter le fait que l'on a une partenaire malade, incapable de satisfaire à mes propres besoins de proximité. Mais je ne confère aucun pouvoir à sa maladie. Je ne me laisse pas déterminer par elle. Et je ne me laisse pas confiner dans un certain rôle.

Je suis parfois effrayé d'entendre comment les époux parlent l'un de l'autre ou l'un avec l'autre. Dans leurs paroles résonne un profond mépris, ou encore l'amertume et la résignation. Certains cherchent, par leurs paroles, à dévaluer l'autre. Ils jugent tout ce que l'autre fait. Ils ne lui passent rien et n'essaient même pas de le comprendre.

L'amour s'exprime habituellement par des gestes tendres. Mais le langage est également un lieu essentiel où l'amour trouve son expression. Les amoureux trouvent souvent leur propre langage pour exprimer leur amour. Mais ce langage ne subsiste pas. Dans la vie quotidienne du couple, on parle souvent un autre langage, parfois superficiel ou encore agressif. Souvent aussi, les deux partenaires se parlent sans se comprendre. Parfois ils écoutent à peine ce que dit l'autre. Ils ne retiennent de ses paroles que ce qui les fâche ou les blesse. Ils mettent les paroles de l'autre dans un tiroir. L'autre n'a même pas la possibilité de s'exprimer, et d'exprimer ses sentiments, par des mots. On réagit immédiatement à ces mots sans vouloir comprendre ce qu'il veut dire en vérité.

Une tâche importante pour les époux consiste donc à prendre conscience de leur propre langage. Il faut se demander : quand mon langage comporte-t-il des jugements de valeur, des reproches, des propos blessants ? Comment pouvons-nous parler l'un avec l'autre ? Comment pouvons-nous nous dire des choses difficiles ? Comment pouvons-nous nous disputer sans que la dispute déchire notre couple ? Lorenz Wachinger, qui possède une longue expérience en matière de consultation matrimoniale, écrit : « De la manière dont les gens, les partenaires, se parlent, dépend le fait qu'ils se rapprochent ou qu'ils s'éloignent l'un de l'autre » (Wachinger, *In*

Konflikten 9). Et il cite Sigmund Freud qui raconte l'histoire d'un enfant qui se trouve dans une pièce obscure et qui a peur ; il appelle sa tante qui se tient dans la pièce voisine : « Tante, parle-moi, j'ai peur dans le noir. » La tante répond : « Mais qu'est-ce que cela t'apporte, puisque de toute façon tu ne me vois pas ? », à quoi l'enfant réplique : « Quand quelqu'un parle, j'y vois plus clair » (cf. Wachinger, *In Konflikten* 10).

Lorsque les époux parlent le langage de l'amour, leur vie s'éclaircit. Mais ce langage doit être appris. Il doit aborder l'autre sans reproches. Et il doit venir du cœur : il doit révéler le fond du cœur de celui qui parle, et diffuser quelque chose de la chaleur qui habite ce cœur. Dès lors, ce langage atteindra l'autre. Les mots peuvent communiquer l'amour et l'approfondir. Ils peuvent aussi détruire l'amour. Les propos qui ridiculisent l'autre, qui le blessent, qui raillent le corps de l'autre, se fixent profondément dans l'âme à la manière d'un hameçon. On ne pourra plus guère le retirer sans agrandir la plaie. Il faut faire attention pour trouver les mots qui soutiennent et approfondissent l'amour.

Pour certains époux plongés dans une crise, les propos de Paul concernant l'amour qui excuse tout et qui endure tout peuvent constituer une aide pour surmonter la crise. Ils n'abandonnent pas trop vite. Ils espèrent qu'ils sortiront renforcés du conflit. J'essaie toujours d'encourager dans ce sens ceux qui viennent me consulter. La crise est aussi une chance pour les époux. Une fois qu'ils la surmontent, chacun des deux aura appris beaucoup pour lui-même et pour l'autre. Et la crise constitue aussi un appel à regarder de plus près comment je me vois moi-même et comment je vois mon mariage. Qui suis-je réellement? N'ai-je pas une fausse image de moi-même? Et quelle est l'image que je me suis faite du mariage? Peut-être la crise détruira-t-elle ces images afin que je voie de façon plus réaliste ma propre personne et mon mariage. Peut-être cette crise me permettra-t-elle de pénétrer jusqu'au noyau de mon véritable être, ainsi que de notre vie commune.

C'est pourquoi je conseille toujours aux époux d'investir quelque chose pour leur mariage, d'avoir recours à un conseiller matrimonial ou de faire une thérapie de couple s'ils n'arrivent pas à avancer tout seuls. Le mariage est quelque chose de précieux. Nous devons mettre un maximum de force à le préserver. C'est seulement dans le cas où cela ne marche vraiment pas, où nous devenons malades et où le fardeau du mariage menace de nous écraser, que nous devrions envisager une séparation. Mais là encore, il serait bon de commencer par une séparation temporaire. Quelquefois, chacun des partenaires a besoin de davantage d'espace pour y voir plus clair. Lorsque l'on s'engage constamment dans des querelles, une séparation aide à apprécier à nouveau l'autre une fois que nous avons pris nos distances.

Cependant, pour certaines personnes, les paroles de Paul à propos de l'amour « qui excuse tout » ont un effet plutôt déprimant. Elles donnent lieu à des sentiments de culpabilité une fois que le couple se trouve en crise. Ces gens ont le sentiment qu'en aucun cas ils ne doivent abandonner. Ils doivent tout supporter, quelque blessant et humiliant que soit le comportement du partenaire. Surtout des gens religieux sont dans ce cas fréquemment pris dans le piège des sentiments de culpabilité. Cela représente pour eux un tel fardeau qu'ils préfèrent tout subir plutôt que de se charger d'une faute. Mais lorsque leur amour est à ce point obéré par des sentiments de culpabilité, il se heurtera à un échec. Il ne guérira ni le mariage ni la personne elle-même. L'amour devient alors plutôt un fardeau qui l'écrase. Il est important, dès lors, de m'avouer que je suis une personne qui ne peut pas tout supporter. Je suis prêt à supporter ce que Dieu m'impose. Mais Dieu ne veut pas exiger trop de moi. Si je m'écroule sous le fardeau, ce n'est certainement pas dû à la volonté de Dieu, mais seulement à ce que j'imagine être la volonté de Dieu. Les paroles de saint Paul constituent certes un appel qu'il nous adresse afin que nous n'abandonnions pas trop vite. Mais elles ne sont pas une épée de Damoclès suspendue au-dessus de notre tête et qui nous menace. À des personnes qui se déchirent à coups de sentiments de culpabilité et qui aboutissent ainsi fréquemment à une impasse, je fais toujours méditer la phrase : « Si notre cœur nous condamne, Dieu est plus grand que notre cœur et il discerne tout » (1 Jn 3,20).

Dans les prédications nuptiales, le prêtre proclame souvent avec beaucoup d'emphase que l'amour ne prend jamais fin. Cependant, les statistiques montrent que l'idéal de l'indissolubilité du mariage est violé de plus en plus fréquemment. Et pour beaucoup de gens, l'indissolubilité du mariage est plutôt une exigence qui leur pèse et qui leur fait peur, car ils ne peuvent pas s'engager pour toujours. Comment pouvons-nous parler, de façon réaliste, d'un amour qui ne prend jamais fin ? Bien des personnes font l'expérience d'un amour qui se perd dans les sables ou qui se brise. L'amour, en tant que sentiment, prend fin. Les sentiments fluctuent. L'affirmation selon laquelle l'amour ne prend jamais fin ne peut donc pas s'appliquer au sentiment.

Lorenz Wachinger relie cette affirmation à l'aspiration de l'être humain à une identité claire. En dernière analyse, il s'agit de trouver, à travers toutes les expériences de l'amour, le chemin vers moi-même, de trouver un foyer en moi-même, d'aboutir à moi-même : « Les destinées de l'amour, y compris le mariage et le divorce font partie de cette recherche de l'identité. [...] De nombreux divorces ne sont pas simplement des accidents relationnels et une rupture de la fidélité, mais des crises sur le chemin de notre identité comme êtres humains» (Wachinger, *Ehe* 149). Dans l'amour d'un être, nous aspirons à trouver notre véritable Moi. Mais bien souvent, nous ne nous trouvons pas. Alors nous avons recours à la séparation pour arriver à une relation différente avec nous-mêmes.

En dépit de toutes les fluctuations des sentiments, nous aspirons à trouver notre identité. L'image de l'indissolubilité du mariage pourrait nous soutenir sur ce chemin. Toutefois, nous ne devons pas considérer cette indissolubilité comme quelque chose d'absolu ; sinon, elle ne ferait que générer de l'angoisse en nous et exiger trop de nous. Mais en tant qu'idéal, elle nous maintient sur la voie de notre identité. Nous ne sommes pas simplement soumis à des sentiments fluctuants. En tant que personnes, nous sommes constitués à demeure. Nous sommes à la recherche d'une identité qui reste, qui subsiste même par-delà la mort. Nous ne devons laisser de côté – sous le simple prétexte qu'ils ne seraient plus d'actualité aujourd'hui – ni le propos de saint Paul selon lequel « l'amour ne disparaît jamais », ni l'idéal de l'indissolubilité du mariage. C'est pourquoi Wachinger voit, dans la parole de Jésus touchant l'indissolubilité du mariage un encouragement en vue de notre recherche de notre propre identité qui perdure à travers les variations du temps : « Lorsque Jésus demande à l'homme de cesser d'être esclave du temps et de ne pas vivre le mariage selon le schéma de la durée d'usage et d'usure, il me rappelle mon identité ; le croyant la comprend comme une identité offerte, donnée en cadeau, depuis ma création, depuis mon "commencement" qui se situe hors du temps de la montre, de même que ma "fin" et mon "aboutissement". Contracter un mariage à partir de cette identité, cela le soustrairait à toutes les vicissitudes du temps, le rendrait indissoluble et rendrait irrévocables la confiance et la fidélité, la patience et la solidarité. C'est à cela que nous aspirons ; c'est de cela dont nous avons besoin depuis l'enfance pour être des hommes et être libres » (Wachinger, *Ehe*, 150).

On ne peut pas protéger l'indissolubilité par des commandements. Elle est un défi en vue de développer notre propre personnalité. Mais nous ne réussissons pas toujours à assumer cette tâche. Nous devons vivre avec cela, et nous pouvons dès lors nous confier à la miséricorde de Dieu qui ne nous condamne pas et qui nous encourage à continuer de rechercher notre identité.

Bien que Paul n'ait pas en vue en premier lieu le mariage lorsqu'il exalte le don d'amour que Dieu nous a offert en Jésus-Christ, ses paroles pourraient néanmoins constituer un appel à considérer et à façonner avec soin le chemin commun dans le mariage. Ces versets ne sont pas étrangers au monde. Ils doivent seulement être transposés dans la situation effective du couple marié. Dès lors, ils peuvent, dans les situations les plus diverses dans lesquelles un couple peut se trouver, indiquer un chemin vers la réussite de la vie commune. Certes, les paroles de l'apôtre ne nous présentent pas un monde indemne ; mais elles décrivent sobrement une voie permettant aux couples mariés de vivre concrètement leur amour.

Il n'y a pas d'amour réussi dans le mariage si je n'ai pas confiance en l'autre et si je n'espère pas en lui et pour lui. L'amour doit viser à mener les époux toujours davantage vers leur vérité. Il les croit capables d'accepter chacun sa propre vérité. Le mariage ne signifie pas que l'on cherche refuge dans les beaux sentiments de l'amour. Bien au contraire, la vie quotidienne dans le mariage dévoilera les côtés d'ombre de chacun. Je vais reconnaître dans l'autre, comme dans un miroir, ma propre indigence, mes désirs touchant l'amour de l'autre et aussi le manque d'amour que j'ai vécu dans ma jeunesse. La vision de sa propre vérité et de la vérité de l'autre est souvent un processus douloureux. Mais en dernier ressort elle approfondit l'amour et nous fait connaître un amour qui non seulement dévoile les plaies, mais encore est susceptible de les guérir.

Épilogue

Je vous souhaite, chère lectrice, cher lecteur, de faire sans cesse l'observation réjouissante qu'il existe en vous une source d'amour qui ne tarit jamais parce qu'elle est divine, et que vous entrez sans cesse en contact avec cet amour. Je vous souhaite de sentir en vous l'incandescence de l'amour qui pénètre votre corps et votre âme, qui réchauffe tout en vous et qui confère aussi de la chaleur à votre langage. Et je vous souhaite de ne pas seulement faire l'expérience de l'amour divin en vous, mais encore celle du don de l'amour humain. En effet, la source d'amour qui est en nous ne devient vivante que si elle est sans cesse amenée à jaillir sous l'effet de l'expérience de l'amour humain. Et l'incandescence de l'amour n'est susceptible de tout réchauffer en nous qu'à condition d'être sans cesse attisée par la rencontre d'êtres humains qui sont pleins d'amour.

Nous avons toujours un double besoin : d'un côté, il nous faut l'expérience de l'amour humain qui consiste à la fois à aimer et à être aimé, et d'un autre côté la vision d'un amour qui est à la base de toutes les expériences d'amour, à savoir de l'amour divin qui porte notre amour humain. Nos expériences humaines touchant l'amour sont toujours limitées. En dépit de tout notre savoir psychologique ou philosophique et de toute la spiritualité que nous nous efforçons d'introduire, nous ferons toujours l'expérience, à la fois, de la beauté et de la fragilité de notre amour. Cela ne doit pas nous décourager. Nous devons plutôt voir, dans l'accomplissement et la déception qu'il apporte, l'amour comme le fondement originel de toute existence. Ce fondement originel, cet amour divin, est toujours présent, ne serait-ce que sous la forme d'une étincelle, même dans l'amour humain le plus fragile. Cette confiance dans le fondement de l'amour nous permet de regarder ouvertement et honnêtement nos expériences, aussi bien réjouissantes que décevantes, de l'amour. Nous pouvons accepter la vérité sue notre amour, car nous savons que, même dans un amour qui a échoué, il subsiste encore une étincelle de l'amour divin et que, même à travers l'échec, nous entrons en contact avec la source intérieure de l'amour.

Cette conviction selon laquelle la puissance de l'amour divin est présente dans notre amour si fragile peut aider les époux à s'engager dans l'aventure de leur amour commun. Ils n'ont pas besoin d'avoir peur que leur amour leur file un jour entre les doigts, ni qu'ils ne puissent pas toujours conserver le sentiment élevé qu'ils ont de l'amour. Ils peuvent s'engager dans leur amour concret avec tous ses hauts et ses bas, car dans toutes ses facettes ils reconnaissent quelque chose de cette étincelle divine. L'accomplissement, comme le désenchantement, de leur amour les renvoie à la source intérieure de l'amour, source qu'aucun homme, aucun échec, aucune blessure ne peut leur enlever.

Mais la méditation de l'Hymne à l'Amour constitue aussi une aide pour tous les êtres humains qui ou bien, demeurent volontairement célibataires ou bien, à un moment donné de leur vie, ont dû se concilier avec leur rôle de personne vivant seule. Paul leur montre une voie qui leur permet, de parvenir, à travers leur désir d'amour, à l'amour qui est au fond de leur âme. Personne n'est dépourvu d'amour. En chacun d'entre nous il y a cet amour qui apporte à notre vie son sens et son accomplissement. Même le manque d'amour nous permet de pénétrer jusqu'à cet amour qui est au tréfonds de notre âme. Le chemin vers cet amour logé dans la profondeur de notre être passe alors par le regret du manque d'amour. Paul ne cherche pas à consoler les célibataires en les renvoyant à l'amour divin. En fait, chacun fait l'expérience de l'amour humain. Bien souvent, il n'est pas tel que nous aimerions qu'il soit. Mais même une expérience déficiente de l'amour nous rappelle la source de l'amour divin qui s'écoule en nous.

Les vers de l'Hymne à l'Amour dont Paul nous a fait don visent à nous rappeler sans cesse l'étincelle divine d'amour qui est en nous et à la ranimer de nouveau. Dès lors, nous vivrons notre amour humain de façon réaliste. Nous ne désespérerons pas de l'amour. Mais nous ne refoulerons pas non plus ce qu'il contient de fragile. Dans toutes les expériences que nous procure l'amour de nos amis, l'amour conjugal, l'amour sexuel et l'amour spirituel, nous toucherons à l'amour qui a son fondement en Dieu et qui nous est donné par Dieu en tant que puissance conférant à notre vie un goût divin. Et à travers cet amour, nous aurons l'intuition du fondement de toute existence, fondement qui porte tout. À cet amour qui pénètre l'existence et qui constitue donc la dernière fondation de notre existence, s'applique la phrase de saint Paul : « L'amour ne disparaît jamais. »

Bibliographie

Hans Conzelmann, *Der erste Brief an die Korinther*, Göttingen, 1969.

Erich Fromm, *Die Kunst des Liebens*, Stuttgart, 1980.

Albert Görres, *Das Böse*, Fribourg-en-Brisgau, 1984.

Anselm Grün, *Im Haus der Liebe wohnen*, Stuttgart, 1999.

Johannes Hirschberger, *Der platonische eros*, dans : *Was heisst Liebe ? Zur Tradition eines Begriffes*, éd. Rabanus Maurus-Akademie, Francfort-sur-le-Main, 1982, p. 40-46.

Hans Jellouschek, *Die Kunst als Paar zu leben*, Stuttgart, 2002.

Othmar Keel, *Das Hohelied*, Zurich 1986.

Hans-Josef Klauck, *1. Korintherbrief*, Wurtzbourg, 1984.

Günter Krinetzki, *Hoheslied*, Wurtzbourg, 1980.

Pinchas Lapide, *Das Hohelied der Liebe*, Munich, 1993.

Johannes B. Lotz, *Dis Liebe als Herausforderung des Menschen*, dans : *Was heisst Liebe ? Zur Tradition eines Begriffes*, éd. Rabanus Maurus-Akademie, Francfort-sur-le-Main, 1982, p 9-29.

Gabriel Marcel, *Philosophie der Hoffnung*, Munich 1957.

Günter Meckenstock, *Liebe. VII. Neuzeit*, dans : Theologische Realenzykloädie XXI, p. 156-170.

Karl Rahner, *Liebe*, dans : *Sacramenta Mundi. Theologisches Lexikon für die Praxis*, éd. K. Rahner et al., tome 3, Fribourg-en-Brisgau, 1969, p. 234-252.

Peter Schellenbaum, *Das Nein in der Liebe. Abgrenzung und Hingabe in der erotischen Beziehung*, Munich, 2002.

Georg Scherer, *Die Liebe im Denken Gabriel Marcels*, dans : *Was heisst Liebe ? Zur Tradition eines Begriffes*, éd. Rabanus Maurus-Akademie, Francfort-sur-le-Main, 1982, p. 112-133.

Wolfgang Schrage, *Der erste Brief an die Korinther*, Zurich, 1999.

Dorothee Sölle, *Atheistisch an Gott glauben*, Olten 1968.

Michel Spanneut, *Geduld*, dans : *Reallexikon für AntIke und Christentum*, tome 9, Stuttgart, 1976.

Lorenz Wachinger, *Ehe. Einander lieben – einander lassen*, Munich, 1986.

Lorenz Wachinger, *In Konflikten nicht verstummen, Wie Paare wieder reden lernen*, Düsseldorf 1993.

Viktor Warnach, *Liebe*, dans : *Handbuch theologischer Grundbegriffe II*, Munich, 1963, p. 54-75.

Bernard Welte, *Dialektik der Liebe*, Francfort-sur-le-Main, 1973.

Citations bibliques
Traduction œcuménique de la Bible, Éditions du Cerf. Ancien Testament 1975, Nouveau Testament 1976.

Table

Introduction 5

L'Hymne à l'Amour dans la *Première Épître aux Corinthiens* 17

Le Cantique des Cantiques dans l'Ancien Testament . .81

L'Hymne à l'Amour et la philosophie 91

L'Hymne à l'Amour et la psychologie 101

L'Hymne à l'Amour et les expériences faites dans la consultation matrimoniale 125

Épilogue 147

Bibliographie 151

Pour être informé des publications
des Éditions Parole et Silence et recevoir notre catalogue,
envoyez vos coordonnées à :

Éditions Parole et Silence
47, rue de Charenton
F - 75592 Paris cedex 12

ou

Le Muveran
CH - 1880 Les Plans sur Bex

paroleetsilence@omedia.ch

-------------✂---

Nom : ....
Prénom : ....
Adresse : ....
....
Code postal : ....
Ville : ....
E-mail : ....
Téléphone : ....
Fax : ....

Je souhaite être informé(e) des publications
des Éditions Parole et Silence.

Composition et mise en pages réalisées par
Sud Compo - 66140 - Canet en Roussillon
479/2009

Achevé d'imprimer le 26 septembre 2011
sur les presses de
La Manufacture - *Imprimeur* – 52200 Langres
Tél. : (33) 325 845 892

N° imprimeur : 11439 - Dépôt légal : 2009
Imprimé en France